이무석 박사의
정신건강칼럼

이무석 지음

순 출판사
C.C.C.(한국대학생선교회)

추천사

이무석 박사님의 주옥 같은 정신건강 칼럼이 한 권의 책으로 출간된 것이 누구보다 기쁘고 반갑고 축하하고 싶다.

  이 박사님 내외분은 C.C.C.의 열 두 기둥 같은 분이고 나 개인적으로도 내가 6.25때 같이 하늘과 땅 사이에 한 평 숨을 곳이 없이 쫓기다가 마지막으로 찾아가면 "목사님 들키면 같이 죽어도 좋아요. 마음 푹 놓으시고 우리집 다락에 숨어 계셔요" 할 분들이다.

  이 박사님은 C.C.C.의 크고 작은 집회의 강사 선정 때 으레 제일 우선으로 초청되는 분이다. 그만큼 모두가 선호하고 영의 주파수가 C.C.C.와 통하는 분이라는 뜻이다.

  이 박사님 내외분은 언제 만나도 평화스럽고 맑고 밝고 온유하며 친화감과 주님의 향기를 짙게 풍기는 분들이다. 천국에 가서도 이웃에 살고 싶은 가족이다.

그의 칼럼은 의학적이고 심리학과 정신의학의 전문 영역을 신앙과 생활과 일상의 내적 체험 속에서 밥과 국과 김치처럼 먹을 수 있도록 순수 우리말로 쉽게, 수필처럼 읽을 수 있게 풀어 쓴 글들이다.

기독교 메시지의 최대의 문제는 커뮤니케이션 문제라고 들었다. 메시지의 토착화 혹은 혈육화 문제인데 스트레스나 악과 죄의 문제를 가정의(家庭醫)가 환자들과 건강상담하듯 누구나 관심 있는 문제들을 다루었는데 신자뿐 아니라 누가 읽더라도 무공해 건강식품만큼 유익하리라고 믿는다.

C.C.C.총재 김준곤

책머리에...

정신과 의사가 된 지 20년이 넘었다. 나의 환자들은 마음고생이 많은 분들이었다. 자신이 너무 초라하고 부끄러워서 죽고 싶다는 분도 있었고, 이유 모를 불안과 초조함으로 안절부절하다가 목놓아 우시는 분들도 보았다.

대인공포증 환자들은 남을 너무 의식하고 남들의 시선을 두려워한다. 그러나 히스테리 환자들은 남들이 자기에게 관심을 주지 않아서 괴롭다. 냉대받거나 무시당할까 두려워서 아예 방문을 걸어 잠그고 사는 분들도 있다. 그러다가 망상에 빠지기도 한다. "나는 영국왕실과 한 집안이야. 찰스는 내 형이야" 하루에도 수십번 손을 씻는 환자도 있었다. 밤마다 반복해서 문단속 하느라고 지치기도 한다. 세균에 대한 두려움과 도둑에 대한 두려움 때문이었다. 그러나 세균과 도둑은 마음 속의 죄책감이 만들어 낸 것이었다. 죄에 대한 처벌을 세균 감염이나 도둑 맞는 것으로 바꿔 놓고 있었다.

열등감, 죄책감, 소외감, 거절에 대한 두려움이 나의 환자들의 아픔이었다. 그러나 이런 아픔이 환자들만의 문제가 아니라는 것도 알게 되었다. 정도의 차이는 있을지언정, 정직하게 자신의 내면을 들여다 볼 수 있는 사람은 누구나 마음 속에 위험한 짐승들처럼 도사리고 있는 아픈 감정들을 만난다. 이들을 피하기 위해서 인간은 얼마나 필사적인가? 이

책이 독자들에게 도움이 되기를 바란다. 묵은 감정의 위협으로부터 해방될 수만 있다면 얼마나 행복한 일인가.

여기 실린 글들은 국민일보에 실렸던 칼럼들이다. 환자들의 이야기가 많이 나오지만 실제 인물을 알아볼 수 없게 조심했다. 혹 자신의 이야기라고 걱정 되시는 분은 인간의 보편적인 심리를 쓴 것이기 때문에 그렇게 느껴지는 것으로 알아 주기 바란다.

존경하는 김준곤 목사님과 C.C.C. 문서 사역부 간사님들의 수고에 감사를 드린다.

1998년 10월 전남대학병원 연구실에서 갓 태어난 외손녀 혜인이를 생각하며…
저자 이무석

목 차

추천사
책머리에…

제1부 ~ 첫인상에 속지마라

전생의 공주(?)/ 12
공주병/ 14
첫인상에 속지 마라/ 16
신데렐라 신드롬/ 18
IMF 시대에 우리 사회의 건강을 위하여/ 19
성폭행, 가해인가 피해인가?/ 20
은혜를 죄의 기회로 삼는 사람들/ 22
진정한 영웅 찾기/ 24
사랑과 성실의 징계/ 26
남편에게 순복하라/ 28
인간 출생의 신비/ 30
사랑과 미움의 동포애/ 32

제2부 ~ 자부심 키우기

나를 살게 하는 의미/ 36
상실감과 자존감의 손상/ 39
그리스도 치료/ 42
의인은 하나도 없다/ 46
자유에 대한 희망/ 49
자부심 키우기/ 52
내 속에서 만나는 나/ 54
자기 감정 표현/ 57
성취감 찾기/ 61
시선 집중이 두렵다/ 64
뇌 손상으로 인한 뇌의 병/ 67
사랑으로 싸맨 마음의 상처/ 71
병원사냥/ 74
숨겨진 분노 찾기/ 77
마음의 분주함과 중년기 우울증/ 80
자기의 수면 습관 갖기/ 84
죄책감 버리기/ 87
심리적인 욕구 충족이 필요/ 90
욕구의 방어기제를 '승화'로!/ 93
치료의 핵심은 인내와 사랑과 이해/ 97
정신병자에 대한 편견을 버리라/ 101
열려진 다른 문을 보라!/ 105
가을, 외로우세요?/ 108
탈진 증후군(burn out syndrome)/ 111
불안 신경증의 극복은 마음의 이해로/ 113

제3부 ~ 색안경을 벗어라

자연 치유력/ 118
자기 감정이 받아들여지는 자의 행복/ 120
멋있는 사람/ 122
모세는 수인성 전염 경로를 알았다?/ 124
부모들이여, '이중 구속'을 피하라/ 125
마음 고통 치료하기/ 126
은혜를 아는 사람들이 만드는 건강한 사회/ 128
마음을 움직이는 설교/ 130
우울증에는 새벽운동을…/ 132
가난은 마음가난이 문제다 / 133
사모님만의 시간 갖기/ 134
엄마의 심장 박동 소리/ 136
자녀를 가슴에 품기/ 138
스트레스 극복, 우선순위 생활화/ 141
목사 사모의 정신건강/ 142
건강한 신혼부부/ 144
암의 원흉은 스트레스/ 145
부부 사별로 나타나는 병과 극복/ 146
마음병의 약, 공감/ 149
설탕 한 덩어리/ 150
내일은 인간의 시간이 아니다/ 153
색안경을 벗어라/ 157
불임증의 숨겨진 원인, 임신 혐오/ 160
무의식 속의 상처/ 161
항상 기뻐하라/ 163

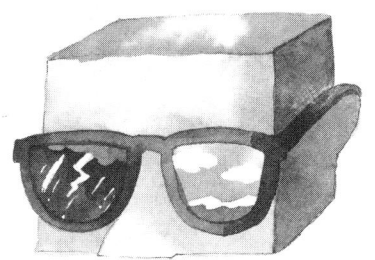

제4부 ~ 최상의 치료는 인격이신 주님을 따르는 것!

초자연적 능력이 있는가?/ 168
빠져 나오기 힘든 유혹/ 170
여자가 되고 싶어요 / 172
최상의 치료는 인격이신 주님을 따르는 것!/ 174
신흥종파의 덫/ 177

제 1 부

첫인상에 속지 마라

사람을 볼 줄 아는 눈이 있어야 성공적인 인생을 살 수가 있다.

전생의 공주(?)
- 전생 요법이라는 도피처 -

요즈음 전생 요법이 화제가 되고 있다. 한 여인은 목이 졸리는 듯한 증상으로 전생 요법사(?)를 찾아갔는데 최면을 걸고 보니, 자신이 전생에 물에 빠져 죽은 공주였다고 한다. 흥미로운 것은 전생에 공주나 귀족이었던 사람들이 많다는 것이다. 그래서 요즈음 많은 여인들이 자신의 전생을 알아보려고 열광한다고 한다.

그러나 전생 요법은 최면술을 이용할 뿐 의학은 아니다. 최면학회에서 조차도 인정해주지 않고 있다. 대한신경정신의학회에서는 그런 짓을 하는 정신과 의사를 징계해야 한다는 여론이 높다. 의사는 과학자다. 인간의 건강을 돌보는 일은 너무나도 위험한 일이어서 철저한 과학적 검증이 없이는 감히 시도하지 않는 것이 의료 윤리의 기본이다.

세상에는 한 맺힌 사람들이 많다. 인간 존재 자체가 모순과 갈등의 존재이기 때문이기도 하다. 마음 속의 갈등과 한을 정직하게 받아들이고, 맞아야 될 매라면 자발적으로 맞으며 사는 인생이 건강한 인생이다. 그러나 인생 문제의 효과적인 해결책은 힘이 들기 때문에 인간은 더 손쉬운 방법으로 도피하고자 하는 심리가 있다. 예컨대 너무나 불안하고 속이 터질 정도로 화가난 사람들은 숨쉬기도 어려워서 질식할 것 같은 상태에 빠지곤 한다. 이런 환자들은 마음 속의 분노와 불안을 처리해야 한다. 미운 사람과 화해를 하거나 용서를 하면 증상은 자연히 사라진다. 그러나 문제를 그대로 둔체 '전생의 공주'라는 식의 자기도취적 설명에 빠지면, 일시적인 증상 호전은 오겠지만, 문제는 갈수록 더욱 어려워 진다. 치료의 기회를 놓지고 엉망이 된 뒤에야 병원에 오는 안타까운 일이 벌어진다.

우리가 태 속에 있을 때 부터 우리를 아시는 하나님은 우리의 인생을 여러 개 만들어 주시지 않았다. 지옥에 간 부자의 아이덴티티가 하나인 듯이, 천국에 간 거지 나사로의 아이덴티티도 끝까지 나사로 하나일 뿐이다(눅 16:20). 줏대가 없고 자기 아이덴티티에 확신이 없는 사람들이 많은 사회일수록 전생증후군 같은 미숙한 현상이 많이 일어난다.

공주병
- 행복할 수 없는 공주 -

"나는 아름답기 때문에 특별 대우를 받아야 돼", 혹은 "나는 너희들과는 신분이 다른 귀족이야." 그래서 전제군주 시대의 공주처럼 특별 대우를 받아야 되고 사람들의 선망과 찬사 속에서 살아야 된다고 믿는 사람들을 공주병에 걸렸다고 한다. 서양에서는 '신데렐라 신드롬'이라고 한다.

이런 사람들의 특징은 특권 의식과 우월감이다. 타인들을 하인 취급한다. 남편도, 친구도 이들에게는 무릎 꿇고 봉사하는 종이다. 그래야할 이유는 분명하다. "나는 아름다운 공주니까…!" 공주와 같이 사는 것만으로도 감지덕지해야 한다고 생각하고 있다. 내놓고 이렇게 말하는 것은 아니지만 공주병의 심리가 그렇다.

정신의학에서는 이런 사람들을 '자기애적 성격장애'로 진단한다. 겉보기와는 달리 공주병에 걸린 사람들은 행복하지 못하다. 내면 세계는 공허감으로 시달리고 있다. 끊임없이 성공과 찬사를 구하는 것은 이런 무의식의 공허감을 채워보려는 노력이다. 그러나 소망과는 달리 그들은 인기가 없다. 남편도, 친구들도, 이기적인 그녀를 좋아하지 않는다. 그녀로 인해서 남편은 힘이 들고 그녀도 화가 나 있다.

공주병은 말 그대로 병이다. 80년대 이후 정신분석 학계의 관심이 공주병 환자들에게 모아지고 있다. 이들은 최고가 되어야 마음이 편한 사람들이다. 피나는 노력을 해서 부자도 되고 사회적으로 우월한 위치에 올라간 사람들도 많다. 그러나 문제는 최고가 되어도 전혀 행복하지 않은 데에 있다. 공허감과 허무감 때문에 자살 기도하는 사람들도 있다. 이들은 정신 치료를 받으러 오지만, 치료자까지도 지배하려 하여 실패하기도 한다. 어린시절 모녀관계의 이상이 공주병의 원인이라고 정신분석가들은 말한다.

겸손과 섬김은 미덕이요, 자기 자랑을 수치로 아는 사회에서는 공주병은 수치요, 웃음거리이다. 그러나 'P.R(자기선전)의 시대'라 하여 자기 과시가 정당화 되는 사회에서는 선망의 대상이 된다. 다행히도 우리 사회에서는 공주병을 코메디의 소재로 삼고 있다. 공주병은 교만이 특징이다. 교만은 자신에 대한 그릇된 평가에서 나온다. 성경은 교만의 결과를 잘 보여주고 있다. "교만이 오면 욕도 오거니와 겸손한 자에게는 지혜가 있느니라"(잠 11:2).

첫인상에 속지마라
- 속사람이 아름다워야 아름다운 사람 -

며칠 전 TV에서 흥미 있는 실험을 보았다. 예쁜 여성과 덜 예쁜 여성이 이 사회에서 어떤 대우를 받고 사는가를 보는 실험이었다.

덜 예쁜 여성이 큰 길가에서 고장난 승용차의 본네트를 열어 놓고 도움을 청하고 있었다. 아무도 거들떠 보지 않고 지나가 버린다. 그러나 같은 자리에 예쁜 여성을 세워 놓았을 때는 상황이 급전됐다. 많은 남성들이 벌떼(?)처럼 몰려와서 친절하게 도와주고 있었다. '속 없는 남성들'이라고 간단히 웃어버릴 수도 있겠지만, 우리가 살고 있는 이 사회의 병리를 보여주는 좋은 실험이었다.

예쁜 여성은 다만 타고난 미모만으로 인기를 끌고 세상살기도 편하다. 그래서 그렇게도 많은 여성들이 예쁘게 보이려고 얼굴에 칼을 대는 미용수술을 한다. 그러나 이렇게 겉모습을 근거로 인간에 대한 평가를 내리는 사회는 합리적인 사회가 아니다. 미모라는 하나의 근거로 인간 전체를 평가하는 태도는 미숙한 인격의 특징이다.

인간관계의 시작단계에서는 '첫인상'이 형성된다. 성별, 나이, 언행, 눈마춤, 옷차림, 외모에 따라 첫 인상이 달라지는데, 흥미로운 것은 고정관념의 틀로 인해서 그릇된 인상을 갖게 된다는 것이다. 예컨데, '안경 쓴 사람은 지적인 사람이다', '수염 기른 사람은 더 남자답다', '금발은 갈색머리보다 더 여성적이지만, 지적이지 못한 사람이다', '서울 말씨를 쓰는 사람은 지적이고 고상한 사람이다', '아름다운 사람은 유능하다' 등등이다. 그러나 외모가 아름답다고 해서 반드시 유능한 것은 아니고, 착한 사람일 수도 없다.

  결혼 후부터 불면증으로 고생하고 있는 한 신경증 환자가 있다. 그의 부인은 얼굴도 예쁘고 웃을 때는 아기 천사 같이 천진스럽다. 그러나 남편과의 관계를 자세히 보면, 마치 찢어 놓지 않고는 빠지지 않는 낚시바늘 같다. 매사에 남편을 비난하고 따져서 기어이 상처를 준다. 부인 때문에 남편이 노이로제에 걸렸다고 단정할 수는 없지만 갈등 속에 살고 있는 모습이 안타깝다. 사람을 볼 줄 아는 눈이 있어야 성공적인 인생을 살 수가 있다.

  우리의 자식들에게도 사람을 보는 눈을 길러 주어야 한다. 그래서 건전한 가치관을 가진 지도자의 지도 아래서 갖는 이성교제가 필요하다. 사람 보는 눈은 책으로는 가르칠 수 없는 것이기 때문이다. 첫인상에 지배당하여 배우자를 잘못 선택하면 일생이 불행해진다.

  하나님께서 다윗을 기름 부으실 때, 사무엘 선지나 아버지 이새의 눈에는 어린 다윗보다는 키 크고 잘생긴 큰 아들이 적격자로 보였다. 그러나 하나님은 외모로 사람을 평가하지 않으시고 중심(마음, 인격)을 보신다고 하시며 다윗을 택하셨다(삼상 16장). 하나님 앞에서는 속사람이 아름다워야 아름다운 사람으로 인정 받는다.

신데렐라 신드롬
- 공주병 -

정의: 전제군주 시대의 공주처럼 특별 대우를 받아야 되고 사람들의 선망과 찬사 속에서 살아야 된다고 믿는 사람들을 공주병에 걸렸다고 한다. 서양에서는 '신데렐라 신드롬'이라고 한다. 최고가 되어야 마음이 편한 사람들이다.

문제: 특권 의식과 우월감이다. 타인들을 하인 취급한다. 남편도, 자식도 자신의 자존심을 높여 줄 존재로만 본다.

내면세계: 대인관계의 장애 때문에 공허감과 외로움으로 괴롭다.

치료상의 어려움: 정신 치료를 받으러 오지만, 치료자까지도 지배하려 하여 실패하기도 한다.

개인적인 원인: 어린 시절 모녀관계의 이상이 공주병의 원인이라고 정신 분석가들은 말한다. 과잉보호가 원인이다.

사회적 원인: 겸손과 섬김은 미덕이요, 자기 자랑을 수치로 아는 사회에서는 공주병은 수치요, 웃음거리이다. 그러나 '독미(纛未) PR의 시대'라 하여 자기 과시가 정당화되는 사회에서는 선망의 대상이 된다. 다행히도 우리 사회에서는 공주병을 코메디의 소재로 삼고 있다.

마무리: 공주병은 교만이 특징이다. 교만은 자신에 대한 그릇된 평가에서 나온다.

어릴 때 어머니가 아이와 정상적인 정적인 관계를 갖지 못한 것이 원인이므로 자식을 자기 기분대로 키우지 말도록 하자.

IMF 시대에 우리 사회의 건강을 위하여
- '사랑'이라는 처방 -

사람들이 사나워졌다. IMF시대에 살기가 어려워지니까 범죄율도 높아지고 자살율도 증가하고 있다. 염려스러운 사회현상이다. 사람이 가난해지면 욕구불만이 많아진다. 욕구가 좌절되면 동물은 화를 낸다. 아이들의 손에서 과자를 빼앗았을 때 터트리는 분노 반응은 대단하다.

배고픈 사자는 사납다. 인간도 배가 고프면 공격적이 된다. 욕구불만을 처리하는 수준은 인격적인 힘에 따라 다르다. 인격적인 힘이 약한 사람들은 욕구불만을 못 참는다. 범죄도 마다하지 않는다. 그래서 가난이라는 사회적 스트레스에 노출되면 범죄가 증가한다. 욕구불만을 자학적으로 처리하는 사람들은 자살을 한다. 욕구의 좌절과 분노로 사람들이 사나워졌다.

이럴 때 처방은 정(사랑)이다. 사람의 분노는 정을 느낄 때 수그러든다. 유순한 대답은 분노를 쉬게 한다. 부자나 정치 지도자들이 실업자들을 위해서 개인재산을 내놓는다면 사회는 정이라는 비타민을 공급 받을 수 있을 것이다. 교회가 실업자들을 위하여 금식하며 쌀을 제공해 준다면 이 사회의 좌절감과 분노에 대한 좋은 처방이 될 것이다.

성폭행, 가해인가 피해인가?
- 성폭행을 당한 아이들 -

15세 된 소녀가 심한 우울증으로 정신과를 찾아 왔다. 알고보니 8세 때, 학교에서 돌아오는 길에 끔찍한 성폭행을 당했었다. 병원에서 수술을 받아야했고 3개월 간을 입원해야 할 정도였다.

그런데 이 일을 당하고 난 후부터 사람 대하는 태도가 달라졌다. 학급에서는 말이 없어졌고 어떤 일이든 자발적으로 선뜻 나서지를 못했다. 항상 망설이고, 숨고, 눈치만 보는 아이가 되었다. 고등학교에 진학하였으나 친구도 사귈 수 없었고 학교 성적도 형편이 없었다.

이렇게 소극적이 된 것은 성폭행과 관련이 있었다. 폭행 당시 자기가 이런 끔찍한 일을 당하게 된 것은 '자신을 남들 앞에 너무 드러내놓았기 때문이었다.'고 생각했다. '다시는 절대로 사람들 눈에 띠는 행동은 하지 말아야지.'라고 다짐했다. 또한 사람을 믿을 수 없게 되었다. 세상 사는 소녀다운 즐거움은 없어졌고, '인생이란 참고 견뎌야할 고통 뿐이야.' 하는 고정관념에 빠졌다. 이 소녀는 피해자인데 오히려 그 책임이 마치 자신에게 있는 것처럼 해석하고 있다. 이 잘못된 해석이 소녀를 소극적이고 인생의 많은 것을 포기하게 만들어서 우울증을 일으켰다.

이처럼 성폭행은 피해자의 인생관과 성격을 변화시키고, 학교 성적도 떨어트린다. 정신 분석가들의 보고에 의하면, 어릴 때 성학대를 받은 사람은 그 기억이 애매하고, 그 경험이 단 일회적이라고 해도 다양한 정도의 심리적 상처를 남긴다고 한다. 그리고 이 상처는 여러 가지 심리적인 반응을 일으키는데, 수치심이 많고, 자신을 더러운 여자라고 보며, 남성들을 동물적인 성욕의 덩어리로 보게 된다. 비밀이 많고 자신을 노출하기가 두려워진다. 때로는 이유 모를 분노를 터트리기도 하는데, 이는 자신을 농락한 대상을 향하는 억압된 분노가 엉뚱한 대상에게 터져나온 것이다.

이런 사람들은 남에게 돈 부탁을 못한다고 한다. 만일 약속 기한까지 못 갚으면 상대방이 몸을 요구해 올 것이고, 어릴 때 자신이 당했던 것처럼 이것을 피할 수 없게 될 것이라는 상상을 하게 되기 때문이라고 한다. 불쾌한 성폭행 경험을 씻기 위해서, 혹은 보복 심리에서 성적 모험을 하기도 한다. 그러나 만족스럽지 못하므로 반복되는, 복잡한 남성관계에 빠지기도 한다. 물론 성폭행을 당한 사람이 모두 이렇게 심각하게 되는 것은 아니다. 잘 극복하는 사람들이 많다.

하밀톤 박사는 1989년의 보고에서 미국 여자 아이들의 38퍼센트가 성희롱이나 성폭행을 당하고 있다고 하였다. 이런 일은 쌍것들(?)에게서나 일어나는 일로 알았다. 그러나 요즈음 우리 나라의 성폭행 보도를 보면 부끄럽고 화가 치민다.

정신과 의사로서 염려되는 것은 피해자들이 받은 마음의 상처다. 인생 전체에 그늘을 만들지 않도록 주위에서 돕고 당사자도 노력해야 한다. 정신과 의사와 일정 기간 상담하는 것도 좋고, 비슷한 처지에 있는 사람들끼리 모임을 갖는 것도 권하고 있다.

무엇보다도 중요한 마음의 자세는 '이 사건의 책임은 가해자에게 있고, 인생의 많은 불행한 사건 중 하나일 뿐이다. 그 이상도, 그 이하도 아니다. 이 일로 더 이상 내 인생을 손해보지 않겠다.' 하고 마음을 다져먹는 것이다.

은혜를 죄의 기회로 삼는 사람들
- 요즘, 심판에 대한 설교 듣기 어렵다 -

교회 직분을 가진 유부남이 유혹에 빠져서 처녀와 부도덕한 관계를 갖고 있었다. 소문이 무성해져 이미 공공연한 비밀(?)이 되어 버렸다. 부인은 수수깡처럼 마르고 자녀들은 분노와 비탄에 빠져 있었다. 교회가 받은 상처도 말할 수 없이 컸다. 평소에 그가 인간미 넘치며 헌신적인 사람으로 알려졌기 때문에 실망은 더욱 컸다. 목사님과 장로님들이 간절히 충고를 하였지만 관계는 계속되었다. 목사님 앞에서 눈물을 흘리며 약속을 하지만, 나오는 길로 여자를 만나러 가곤 하였다. 평소에 그는 기회가 있을 때마다 목사님을 존경하고 좋아한다고 말했다. 그분을 존경하는 이유는 '백번이고 천번이고 자기의 잘못을 용서해 줄 분'이기 때문이라고 했다. 그는 영리하게도 용서를 예상하고 죄의 기회로 삼고 있었다.

한국 국민의 약 20퍼센트가 크리스천이라고 한다. 다섯 사람 중 한 사람은 크리스천인 셈이다. 국제적인 운동경기에서 이긴 우리 선수들이 무릎을 꿇고 예수님께 기도하는 모습은 감동적이다. 정치 지도자들이나 문화·예술계의 거목들, 학자들 중에 크리스천들이 많다. 예수쟁이들은 무식쟁이들이라고 멸시당하던 시대를 살아본 이들은 격세지감을 느낀다. 그러나 도덕적으로 그만큼 맑아진 것 같지는 않다. 크리스천은 많아지고 교회는 부흥됐는데 사회는 여전히 부패하고 오염되어 있다. 무엇이 잘못된 것일까?

하나님의 속성은 양면을 가지고 있다. 모성적이고 감성적인 면이 있는가 하면 엄하고 무서운 부성적인 면이 있다. 죄인을 불쌍히 보시고 우시며 용서하고, 돌보시는 하나님은 모성적인 하나님이시다(롬 8:26). 그러나 하나님을 무시하고 율례를 거스르는 자를 증오하고 저주하시며 심판하시는 하나님은 부성적인 하나님이시다. 사랑하는 마음으로 사람 되라고 매를 때리시는 하나님은 모성과 부성이 통합된 하나님의 모습일 것이다.

그런데 요즈음 한국 교회에서 하나님의 심판에 대한 설교를 듣기가 어렵다. 교인들의 귀를 거스를까 두려워하기 때문일까? 반면에 사랑과 축복과 용서의 모성적 하나님이 지나치게 부각되고 있다. 그러나 성경이 이미 보여주신 대로 인간이란 얼마나 교활한가(막 7:21). 그리고 빠져나갈 구녕을 얼마나 잘도 찾는 동물인가. 모성적 하나님이 강조되면 죄를 지으면서도 하나님의 용서를 계산에 넣고 짓는 위험이 생긴다. 그래서 이런 인간을 아시고 바울사도는 '은혜를 죄의 기회로 삼지 말라'고 경고하셨다(롬 6:15).

진정한 영웅 찾기
- '마이클 잭슨'의 한국 공연에 대하여 -

미국에는 흑인을 학대하는 'KKK단'이라는 단체가 있다. 이 단체의 요직을 맡고 있는 백인이 있었다. 그의 신장이 부전증에 빠져서 흑인의 신장을 이식 받게 되었다. 신장이식 후 그는 자신이 마치 흑인이 된 듯한 착각에 빠지곤 했다. 마침내 그는 미국의 유색인종보호협회의 회장이 되어 있었다.

또 식인종의 어떤 종족은 용맹스러운 사람을 잡아먹으면 그 사람처럼 용맹스러운 전사가 된다고 믿는다고 한다. 이런 현상은 비교적 미숙한 인격의 사람에게 흔히 나타나는 합일화(合一化)의 정신기제로 설명될 수 있다.

합일화는 강력해 보이는 인물처럼 되기 위하여 상대방의 인격에 자신을 귀속시켜 버리는 방어기제다. 자신의 아이덴티티(주체성)가 확실하지 않은 사람들이 상대방의 인격에 금방 동화되어 버리는 이유가 여기에 있다.

그러나 이 합일화는 주관적인 검증의 과정을 거치지 않았기 때문에 일시적인 흥분과 환상을 줄 뿐, 떠돌다가 사라지고 나면 허무감만 남는다. 청소년들이 유명가수에게 매료되고, 어른이 된 뒤에 돌이켜 보면서 실소를 자아내게 할, 영웅(?)들에게 빠지는 이유도 이 합일화의 방어기제 때문이다. 가수가 밟았던 잔디나 머리카락, 사진을 가짐으로 자신의 아이덴티티는 가수의 아이덴티티와 같아진다. 그의 음악회에 참석하는 것, 신상에 대한 정보를 남보다 더 많이 알면 자신과 그 가수는 각별한 사이가 되고 자신은 그 가수처럼 만인의 사랑받는 인기 있는 존재가 되는 것이다. 합일화의 정신기제가 만들어 내는 착각일 뿐이다.

요즈음 마이클 잭슨이라는 흑인 가수의 한국내 공연을 실현시키고 말겠다는 사람들이 있다. 사람들 앞에서 내세우는 명분이 내면세계의 명분과 다를 수가 있다는 것을 확인하면서 스스로 정직한 진단을 내려 볼 필요가 있다. 예술적인 감동 때문인가? 우리 나라가 이런 사람도 무대에 세울 만큼 자유주의 국가가 되었다는 것을 과시하기 위함인가? 아니면 청소년들의 아이덴티티 문제를 이용하여 돈을 벌어 보자는 속셈 때문인가?

요즈음 세상에는 영웅들이 많다. 공만 잘차도 영웅이 되고, 노래만 잘 불러도 영웅처럼 대우 받는다. 돈과 인기에 매스컴의 각광이 쏟아진다. 그러나 진정한 영웅은 작은 자. 예컨대 자신을 스스로 돌볼 수 없는 지극히 작은 자를 위하여 위험을 감당할 수 있는 인격의 힘을 가진 사람이다. 정욕이나 분노의 폭발을 스스로 절제할 수 있는 사람이 진정한 의미에서 힘 있는 사람이다.

지극히 작은 자에게 베푸는 것이 곧 예수님에게 베푸는 것이라고 주님은 말씀하셨고, 정욕을 이기는 생활을 성경은 가르치고 있다. 청소년들이 본받을 만한 진정한 용기와 힘을 보여주는 사회가 소망 있는 사회다.

사랑과 성실의 징계
- 체벌에 대하여 -

요즈음 교육계에서는 체벌문제를 심각하게 염려하고 있다. 스키너라는 심리학자는 체벌과 행동 수정에 대한 실험을 하였다. 쥐가 지렛대를 누르면 지렛대가 쥐의 다리를 세게 때리도록 했다. 실험 쥐는 지렛대를 밟는 행위를 중지했지만 그 행동이 완전히 없어진 것은 아니었고 곧 다시 나타났다.

집안에서 부모가 아이들이 잘못하면 매를 때린다. 아이는 잘못된 행동을 고치지만 매의 효과가 사라지면 다시 못된 행동을 시작한다. 정신의학적으로 볼 때 사랑이 없는 체벌은 교육효과가 바람직하지 않다. 그 이유에 대한 스키너의 연구 결과는 다음 세 가지로 요약된다.

첫째, 체벌은 명령일 뿐이고 대안 제시가 아니기 때문에 보상을 주는 경우와는 다르다. 아이 입장에서는 벌주는 사람의 의도대로 잘못을 고친다고 해도 기대할 만한 보상이 없다. 따라서 벌이 무서워서 일시적으로 행동을 고칠 뿐, 벌을 피할 수 있는 곳에서는 다시 잘못을 저지른다. 그러나 바람직한 행동을 해서 상을 받거나 기쁨을 보상으로 얻는 경우에는 자발적인 의욕을 갖게 된다.

둘째, 체벌은 벌주는 사람에 대한 적대감을 일으킨다. 아이의 인격 형성에는 좋은 인간관계가 가장 중요한데 체벌은 인간관계를 파괴한다.

셋째, 처벌자가 너무 감정적인 처벌을 할 때는 아이를 자극하여 전보다 더 심한 행동장애를 유발하게 된다. 아이를 매우 사납고 공격적인 아이로 만들 수도 있다.

　물론 교육상 벌이 필요할 때도 있다. 잠언에도 "매를 아끼는 것은 자식을 미워하는 것이다 진정으로 자식을 사랑하는 부모는 성실하게 자식을 징계한다"(잠 13:24)는 말씀이 있다. 여기서 유념할 것은 벌을 주는 태도가 성실해야 한다는 것이다. 아이들을 교육할 때 잘한 행동을 격려해 주고 칭찬해 주는 것이 처벌보다 효과적이다. 책망할 때도 예컨대, "우리 준식이는 공부를 잘해서 참 장해. 그런데 준식이가 동생들과 싸우지만 않는다면 엄마는 정말 기쁘겠는데…"하는 식으로 좋은 점을 인정해 주고 고칠 점을 지적해 주면 아이는 '엄마를 기쁘게 해드린다.'는 보상을 위하여 자발적으로 행동을 수정할 결심을 하게 될 것이다.

　체벌이 폭력이 되지 않도록 조심해야 한다. 부모는 교육적인 매라고 하지만 분노 감정이 실리면 폭력이 되고 만다. 정신분석에서는, 어릴 때 폭력에 많이 노출된 사람은 성격이 공격적이고 피해의식이 많아서 인간관계를 원만히 맺기 어렵다고 가르치고 있다.

남편에게 순복하라
- 남편 기 살리기 -

　외출에서 돌아오는 아내에게 어디 갔다 오느냐고 따지는 남편은 간 큰 남자란다. '간 큰 남자' 시리즈의 유머가 유행하더니 이제는 남편들의 기를 살려야겠다는 운동이 활발하다고 한다. 이런 사회 현상을 보면 우리 사회의 남자들의 기가 죽기는 죽었나 보다.
　우리 나라 40대 남자들의 사망율이 세계 1위인 것도 이와 무관한 것은 아닌듯 싶다. 남편들의 기가 죽으면 우울증도 잘오고 성적(性的)으로도 무력증에 빠진다. 그러나 정신의학적인 후유증은 무엇보다도 아버지 역할을 제대로 할 수 없는 것이다. 소위 신경성 위장병, 두통 같은 정신신체장애 환자들은 무기력한 아버지에 강력한 어머니를 가졌던 사람들이라는 연구 보고가 있다.
　동성연애자들을 분석해 보아도 이런 가정 출신이 많다. 어머니가 지배적이고 강해서 온 집안에 어머니의 소리만 가득하고, 아버지를 찾으려면 돋보기가 동원되어야할 정도로 왜소한 아버지를 가진 아들들 중에 동성연애자가 많다.
　정상적으로 남성이 남성 아이덴티티를 갖게 되는 것은 아버지의 남성다움을 동일화할 때 가능하다. 그런데 아이들은 동일화할 아버지가 강해 보이고 닮을만 할 때 모방하고 닮는다. 아버지가 무기력하면 아버지보다는 강력한 힘을 가진 어머니를 동일화하는 편이 유리하기 때문에 아들이 여성 아이덴티티를 갖게 되거나, 성 아이덴티티의 혼란에 빠진다. 많은 성도착자들이 이런 심리적인 문제를 가지고 있다. 딸들도 사나운 어머니를 닮아서 남자같이 거칠게 행동하고 남장을 좋아하고 투쟁적인 여성이 될 수가 있다. 부부생활이 어려우며 남편을 기죽이는 부인이 되기 쉽다.

그러나 남편이 기 죽는 것을 부인 탓만 할 수는 없다. 공격적인 여인은 무기력한 신랑감을 고르는 것이 보통이기 때문에, 기 죽은 남편은 이미 결혼 전 부터 기가 죽어 있을 가능성이 높기 때문이다.

"아내 된 자들아 이와 같이 자기 남편에게 순복하라 이는 혹 도를 순종치 않는 자라도 말로 말미암지 않고 그 아내의 행위로 말미암아 구원을 얻게 하려 함이니…남편된 자들아 이와 같이 지식을 따라 너희 아내와 동거하고 저는 더 연약한 그릇이요 또 생명의 은혜를 유업으로 함께 받을 자로 알아 귀히 여기라 이는 너희 기도가 막히지 아니하게 하려 함이라"(벧전 3:1, 7)

성경이 가르치는 부부관계는 정신의학적으로도 아주 건강한 것이다. 성경의 남편은 부인보다 강하고 부인을 보호해 주는 위치이며, 아내는 사랑받고 순종의 미덕을 가지는 위치이다.

인간 출생의 신비
- 아이 낳기를 거부하는 어머니들 -

 얼마 전 TV 토론을 보다가 속상한 일이 있다. '아이를 낳지 않는 부부'를 보여주고 찬반을 묻는 내용이었다. 한 젊은 부부는 "우리는 하고 싶은 일이 많고 개인적인 꿈이 크기 때문에 아이를 낳지 않는다."고 부끄러운 줄도 모르고 얘기하고 있었다. 결혼한 부부가 아이를 갖는 것은 자연스러운 일이고, 하나님의 축복인데 무슨 대단한 꿈을 이루려고 자식을 낳지 않겠다는 것인가?
 그러나 이보다 더 충격적이었던 것은 이 부부를 전적으로 지지하는 여자 교수의 어처구니 없는 논리 전개였다. "나는 아들이 둘이다. 그러

나 아들들을 낳은 것을 후회한다.(*자식들이 들으면 상처 받을 말인데도 큰소리로 얘기하고 있었다.) 그 이유는 세상이 악해서 자식을 키울만한 환경이 못 되기 때문이다."라고 열변을 토하고 있었다. '여성이 당당하게 사는데 아이가 방해가 된다면 낳지 말고 당당하게 살아라.' 하는 논리였다. 이 여교수의 관심은 여권에만 있었고 모성애나 인류의 미래는 안 보이는 모양이다. 아이를 낳지 않으면 민족과 인류의 미래는 어찌되는가? 저런 사람들이 교수로 있는 여자 대학에서 제자들이 받을 영향을 생각하니 마음이 아팠다. 귀찮고 번거로운 일을 기피하는 요즈음 세태의 일면을 보여주는 것이라고 한탄하시는 어른도 있었다.

그러나 아직도 대부분의 여성은 임신을 원하고 기뻐한다. 왜냐하면 자신이 생물학적으로도 완전하고 결함없는 여성이라는 것이 입증되는 사건이기 때문이다. 또 임신은 사랑하는 사람의 분신을 가졌다는 만족감을 주고, 종족유지와 개체유지 본능의 충족을 준다. 즉 자신의 생명이 아이를 통하여 연장되는 기쁨이다. 남자가 되고 싶은 욕망이 무의식에 숨어 있는 여성이 아들을 낳으면 이 욕망이 충족되어 자신감이 생긴다. 반대로 남성에 대한 증오심을 가진 여성은 자신도 모르게 아들을 거부하게 된다.

성경에는 '태의 열매는 하나님의 상급'(시 127:3)이라고 하였고, 많은 여인들이 아이 갖는 기쁨을 말하고 있다. 아이를 임신하고 분만하는 과정이 그렇게도 불편하고 고통스러웠어도, 정상적인 어머니들은 일단 아이를 품에 안으면 그 모든 고통의 기억이 눈 녹듯이 사라진다고 한다. 남이 그런 고통을 주었다면 평생 잊지 못할 것인데도 말이다. 어머니의 마음은 다만 "내 새끼가 잘못되면 어쩌나. 어떻게 하면 잘 키울까?" 하는 생각뿐이다. 창조의 신비이고 모성애의 고마움이다.

사랑과 마음의 동포애
- 북한에 대한 우리의 감정 -

구약성경에는 사마리아가 아람왕에게 포위 당했을 때 굶주린 백성이 사람을 잡아먹는 끔찍한 사건이 기록되어 있다(왕하 6장). 며칠 전 북한 동포들의 굶주림에 대한 신문기사를 읽으면서 나는 이 일이 생각나서 괴로웠다.

요즈음 북한에 대한 우리 민족의 마음이 '양가감정'에 빠져있는 듯하다. 사랑하는 마음으로 쌀을 보내 주면서도 또 다른 마음은 편치가 않다. '양가감정'이란 어떤 사람에게 사랑을 느끼면서 동시에 그 사람을 미워하는 마음이 숨어 있을 때 쓰는 말이다. 이 경우 증오심이 표면에 나타나면 사랑은 무의식으로 숨어버린다. 그러나 속마음에 사랑과 연민이 숨어 있기 때문에 미워하면서도 마음은 편치가 않다. 사랑할 수도 없고, 미워할 수도 없는 대상 앞에서 사람의 마음은 혼란에 빠진다. 이런 마음이 심해지면 정신분열증이 온다.

개인의 양가감정이 외부 집단에게 투사되면 민족적인 분열 양상으로 나타난다. 예컨대, 북한에 대한 증오심을 타인들에게 투사하여 주어 버리고 자신은 사랑의 사도가 되어 버린 사람들이 있고, 또 다른 한편에는 사랑은 외면하고 증오심만을 느끼는 사람들이 있다. 민족분열의 양상이지만 사실 자세히 들여다 보면 이 두 편의 싸움은 개인의 내적 갈등을 외부로 투사한 것에 불과하다. 쌀 보내기를 반대하는 분들도 속마음에는 민족적인 애정이 숨어 있기 때문에 마음을 드려다 보면 갈등을 느끼고 있다.

갈등을 느끼면 사람들은 이것을 해결하기 위하여 "북한 문제? 그런 건 난 몰라." 하는 식으로 회피해버리거나, 불편한 감정을 남에게 투사한다. 예컨대 "동포들이 굶주리는데 쌀을 보내야지, 반대하는 사람들은 인간도 아니야." 하고 비난하는 분들과, "군량미로 쓴다는데 그런 인간들에게 쌀을 보내다니 어리석은 인간들이 빨갱이를 몰라서 그래." 하는 분들의 충돌은 개인적인 양가감정의 투사현상이다.

양가감정의 치료는 자신의 내면에 있는 양가감정을 인정하는데서부터 시작된다. 어느 한쪽 감정을 비난하거나 부정하려 하면 극복이 안된다. 우리 민족, 특히 40대 이후의 세대들은 북한 공산당에 대한 끔찍한 기억을 가지고 있다. 가족 중에 처참한 죽음을 당한 분들도 많다. 이 기억은 부인할 수 없는 현실이다. 그러나 그렇다고 우리 속에서 엄연히 느껴지는 동포애를 일부러 부정할 필요도 없는 것이다. 귀순자들의 눈물겨운 보고를 들으면서 느껴지는 아픔과, 기름진 음식을 먹을 때 불현듯 느껴지는 이북 동포들에 대한 미안한 감정이 우리 속에 존재하고 있는 동포애를 말해 주고 있다.

이 두 감정을 그대로 인정할 때 개인의 마음에는 불완전하지만 평화가 오고, 국가는 가장 현실적이고도 합리적인 정책을 선택할 수 있게 된다. 우리 민족 한 사람 한 사람이 개인적인 자기성찰을 통해서 '용서와 화해'라는 자기 감정의 통합 과정이 일어나야 진정한 의미의 통일이 가능하다고 본다.

엘리사 시대에 아람왕의 군대를 물리쳐서 사마리아 백성의 굶주림을 해결해 주신 우리 하나님께 우리가 20세기 말의 사마리아와 같은 북한 동포들을 구해주시라고 합심하여 기도한다면 하나님은 우리의 기도를 들어주실 것이다.

제 2 부
자부심 키우기

자부심은 아이에게 큰 만족감을 주어 성격 발달에 좋은 영향을 준다.

나를 살게 하는 의미
- 의미 요법과 자살 -

착하고 모범적인 G양의 자살기도 사건은 가족들은 물론이고 급우들과 대학의 주임교수에게도 의외이고 충격적이었다. 그것도 일주일을 넘기기도 전에 세 번씩이나 시도했으니 말이다. 정신과에 의뢰되었다. G양은 쓸쓸히 웃으며 별로 할 말이 없다고 했다. 말수는 적었지만, 누구에게나 친절하고 유순한 성격 때문에 친구들에게 인기도 있었다. 학교 성적은 국민학교 때부터 대학 졸업반인 지금까지 계속하여 수위를 달려왔다. 이성 관계도 복잡하지 않았으며 특별히 자존심을 손상당한 일도 없었다. 도무지 자살을, 그것도 세 번씩이나 기도할만한 이유를 찾을 수가 없었다. 이것이 어머니를 더욱 답답하게 한다고 했다.

무엇일까? 무엇이 이 모범적이고 열심히 살아온 여학생을 죽음으로 몰아넣고 있는 것일까?

대학 3년을 마쳐가는 겨울방학 중에 G양의 심리 내부에 변화가 있었다. 어느 날 갑자기 모든 일들이 시시하게만 보이기 시작했다. 열심히 해왔던 공부도, 친구 만나는 것도, 인사를 나누는 일도 그외 모든 일상적인 일들까지도…. 삶의 의미가 없어져 버렸다. 감정도 무덤덤해지고 색깔을 상실했다. 기쁨도 슬픔도 없어졌다. 어머니의 강권 때문에 학교도 억지로 나가고, 밥도 억지로 먹고…. 억지로 억지로 일상생활을 꾸려 나가지만 이제는 지쳐버렸다. 차라리 죽는 것이 편하겠다고 생각했다. 자살을 기도했다. 극약을 먹었으나 응급실에서 살아났고, 여관에 들어가 목을 매었으나 발각됐다. 연탄불을 피워 죽으려 했으나 우연히도 발각되어 고압 산소통 속에서 또 살아났다. 사람들의 놀람과 소동 속에서도 G양의 마음은 어둡고 조용하기만 하다.

빅터 프랭클은 G양과 같은 심리상태를 실존적 진공상태(existential vacuum)라 했다. 지금까지 추구해왔던 목표의 상실로 진공상태와 같은 허무감 속에 빠진 것이다. 고통으로부터 인생을 구하는 것은 삶의 의미이다. 인간은 하는 일의 의미를 발견하면, 그 일이 아무리 고통스러운 것 일지라도 그것은 이미 고통이 아니다.

2차대전 당시 프랭클 박사는 유대인으로서 아우스비츠 수용소에 수용되어 있었다. 그곳은 춥고 비참했다. 배고픔 또한 극심해서 많은 유대인들이 굶주려 죽거나 자살하거나, 가스실에서 주기도문을 외우며 처형되었다. 극한 상황 가운데서 그가 발견한 인생의 진리가 있었다. 아우스비츠에서 살아 남은 사람들은 몸이 건강 하거나 꾀가 많은 사람들이 아니었다. 그들은 살아야 될 확실한 이유, 의미를 가진 사람들이었다.

인생을 살게 하는 것은 의미다. 사람마다 나름대로의 사는 이유를 갖고 있다. 그것은 돈일 수도 있고, 자식일 수도, 인기일 수도, 좋은 사람이라는 칭찬일 수도 있고, 바울처럼 '사나 죽으나 내 몸에서 그리스도가 존귀히 되는 것'일 수도 있다. 그런데 어느 날 이 의미가 갑자기 그 빛을 잃어버리고 다른 의미를 발견하지 못할 때 심리적인 위기에 처하게 되어 우울증에 빠지고 만다. 이 상태가 '실존적 진공'의 상태다. 무기력에 빠져 매사가 절망적으로만 생각된다.

G양은 입원 치료를 받았고, 자신을 이해하게 되었다. 왜 그렇게도 힘이 들었던지, 왜 그렇게도 쉽게 자살기도라는 엄청난 일을 저질렀던지를 깨달았다. 지배적인 어머니의 요구에 순종하는 것이 G양의 삶의

전부였다. 얌전하고 공부 잘 하는 딸이 되어 어머니의 잔소리를 면하는 것이 삶의 이유였다. 헐떡거리며 하루하루를 살아 왔다. 그러나 이런 삶은 엄마의 인생이지 G양 자신의 것은 아니었다. 엄마의 만족이 G양의 것일 수는 없었다.

작년 겨울, 우연히 G양은 자신의 삶이 빈 껍데기였다는 사실을 발견했다. 그렇다고 엄마를 대항하는 새로운 시도를 해볼 용기도 안났다. G양은 심리적으로 급격히 쇠약해져 갔다. 너무나 힘이 들고 고통스러웠다. 참고 견딜만한 이유도 발견할 수 없었다. 자살을 생각하게 된 것도 이 때 부터였다. G양은 지혜로웠고, 퇴원시에는 생기를 되찾아 눈빛을 반짝이며 퇴원했다. 그녀가 삶의 궁극적 의미를 찾는 것은 그 후의 과제였다.

요즈음 학생들의 자살을 보며 G양을 생각하게 된다. 살아야 될 이유를, 의미를 발견했더라면 입시지옥의 고통도 넉넉히 극복할 수 있었을 텐데 하는 아쉬움이 있다. 인간은 스스로에게 이런 질문을 던져 볼 수 있다. "나를 살게 하는 의미는 무엇인가?", "나는 왜 자살하지 않고 살고 있는 것인가?" 인생의 궁극적 관심에 대한 해답은 예수님께 있다. 그 분만이 허무한 인간에게 진정한 삶의 의미를 주신다. "그러므로 모든 육체는 풀과 같고 그 모든 영광이 풀의 꽃과 같으니, 풀은 마르고 꽃은 떨어지되 오직 주의 말씀은 세세토록 있도다"(벧전 1:24,25)

상실감과 자존감의 손상
- 청소년 자살 -

고등학교 1학년인 A군은 자살을 기도했다. 인적이 드문 숲속에서 다량의 수면제를 복용했다. 혼수상태에 빠진 A군을 등산객이 발견하여 다행히 생명을 건졌다. A군의 부모님들은 교양 있고, 사회적인 지위도 있는 분들이었다. 자식의 행동을 도무지 이해할 수가 없었다. 자살 동기도 없고 너무나도 갑자기 일어난 일이라 어찌할 바를 모르겠다고 했다.

A군은 우수한 학생이었다. 적어도 중학교 졸업할 때까지는 성적도 우수했고, 꾸중 한 번 들은 일이 없을 정도로 성실하고 착한 아들이었다. 중학교 졸업식을 마치고 고등학교 입학식까지의 공백기에 그에게 한 가지 사건이 일어났다. 한 여학생과 데이트를 하게 되었다. 부모 모르게 독립적으로 가져보는 최초의 사건이었다. 두렵기도 했지만 설레이는 기쁨도 있었다. 그렇다고 특별한 일이 있었던 것은 아니었다. 제과점에서 만나 빵 먹고 헤어지는 정도였다.

그런데 어느 날 여학생의 부모가 A군의 집에 전화를 했다. 심한 모욕적인 비난을 퍼 부었다. 부모님은 자존심이 몹시 상하셨다. 화가 난 아버지가 A군을 책망했다. 이렇게 화난 아버지를 본 일이 없었다. 그 후 A군은 아버지가 자신을 나쁜 아들이고 쓸모 없는 자식으로 경멸하신다고 생각하게 되었다. 공교롭게도 고등학교 입학식 후 첫 시험에서 그는 실패를 했다. 형편없는 성적을 본 아버지는 또다시 "정신차리고 공부해라." 하는 책망을 하셨다.

그러나 마음이 우울해진 그는 주의집중이 안되었고, 성적은 다음 달 시험에서도, 또 다음 달에도 자꾸만 떨어져 갔다. 밤새도록 책상 앞에 앉아 있어도 성적은 오르지 않고, A군의 실추된 자존심을 회복할 가능성은 점점 희미해져 갔다. 학교에서 돌아오면, 집안에는 차가운 긴장이 흐르고, 부모의 눈치를 보느라고 A군은 숨 쉬기도 거북할 정도가 되었다. 그럴수록 공부는 더욱 안되었다. "쓸모 없는 나같은 놈, 차라리 죽자!" 그는 결심하고 약국을 순회하며 사 모은 약을 가지고 산으로 올라가서 자살기도를 했던 것이다.

A군과 같은 경우를 정신과 진찰실에서 자주 만난다. 공부 잘하고, 착실했던 모범생이 어느 날 갑자기 성적이 떨어지고, 우울증에 빠진다. 이런 학생들은, "부모님은 나 같은 놈을 더 이상 참아주지 못하시는구나!" 하는, 사랑의 상실감과 자존심의 손상이 원인인 경우가 많다. 자존심의 손상을 유난히도 못견디는 성격 특성도 갖고 있다. 친구들 앞에서 선생님의 조롱과 경멸을 받은 후에 학교 혐오증에 빠진 고등학생도 있었다.

자녀들은 자존심을 살펴주는 선생님과 부모를 원한다. 사랑의 상실감과 자존심의 손상으로, 마음이 우울해지면 주의집중이 안되고 기억력의 장애가 온다. 우울한 학생들이 성적이 오르지 않는 이유가 여기에 있다. 아무리 노력해도 실추된 자존심을 회복할 수 없다는 절망감에 빠지면 자살을 생각하게 된다. 더구나 요즈음 학생들은 성적이 떨어지면 자신의 인생의 값도 추락하는 것으로 생각한다. 모의고사 순위가 인생의 순위를 나타내준다고 믿고 있다.

한 고등학생 환자는 꿈속에서, 모의고사 성적이 발표된 게시판이 자꾸 보여서 괴롭다고 했다. 그러나 인간의 가치가 단순히 점수에 있는 것은 아니지 않은가. 점수 이외의 가치를 보여주지 못하고, 일류 대학만이 최고의 가치라고 주입시키고 있는 우리 사회의 분위기가 청소년들을 자살로 몰아가고 있다. 사회학자인 '뒤르 캠'은 1897년 자살론을 발표했는데, 자살은 개인적인 책임보다는 사회적 책임이 크다고 했다. 개인이 사회로부터 소외되고 고립될 때 자살하게 된다고 했다. 어른들의 경우와는 달리 청소년들은 특히 환경의 영향을 많이 받는다. 성적 때문에 비관하는 학생들이 고통스러워하는 것 중의 하나가 잘 나가고 있는 급우들에 대한 열등감이다. 으스대며 깔보는 듯한 태도가 견딜 수가 없다. 그들에 비하면 자신의 꼴은 견딜 수 없이 초라하고 비참하다. 남들이 떵떵거리고 으스대며 잘 살수록 상대적으로 나 자신은 더욱 비참하게 보이는 것이 인간 심정이다.

그러나 또 한 가지 이런 문제를 더욱 심각하게 하는 이유는, 이런 문제를 상의할 대상이 없다는 것이다. 연구 보고에 의하면, 자살을 기도한 청소년들은 자살기도 전에 자살을 멈추게 해 줄 사람을 찾았었다. 소심하고 부끄러워서 자신의 문제를 털어놓지 못하는 성격도 그를 고립시키는 원인이 되었겠지만, 그럼에도 불구하고 애타게 자살을 중단할 이유와 사랑으로 말려줄 사람을 찾고 있었다. 이것에 실패했을 때 자살로써 생을 마치려 했었다. 점수 위주의 단순 가치 추구의 사회 분위기와 지나친 부모의 기대, 실추된 자존심과 절망감, 그리고 청소년기의 심리 특성이 복합적으로 작용하여 우리의 귀한 청소년들을 자살하게 하고 있다.

삶에 대한 애착은 모든 생명체의 본성이다. 자살은 이것을 거역하는 비정상적 행위이다. 어떤 숭고한 대의명분으로도, 하나님이 주신 귀한 생명을 죽이는, 자살을 합리화시킬 수는 없다. 정신분석가인 '안나 프로이드'는 청소년기를 '격동과 폭풍의 시기'라고 했다. 폭풍을 만난 우리의 청소년들이 자존심을 유지하며 풍랑을 통과할 때까지 보호해 주는 것이 우리 어른들의 책임이다.

그리스도 치료
- 자학적 크리스천을 어떻게 도울 수 있을까? -

지난 주에 이곳 광주 지방의 정신과 의사들의 학술 세미나가 있었다. '그리스도 치료(Christotherapy)'라는 제목이었다. 우울하거나, 정신적으로 병든자들에게 주님의 말씀을 가르쳐 줌으로써 치료하는 치료법인데 매우 흥미있는 토론이 있었다. 예수님이 주시는 생명과 진리의 의미를 깨달을 때 치료 효과가 나타났다는 보고였다. 우리가 영적으로 어두운 상태일 때 우연히 들은 성경 말씀 한 마디로 인하여 심령이 소생하는 경험을 하는데, 이것을 환자의 치료에 체계적으로 적용한 것이었다.

일주일째 금식을 하고 있는 집사님이 계셨다. 초등학교에 다니는 아들이 주일학교에 결석을 했기 때문이라고 한다. "네가 주일학교에 결석했기 때문에 엄마는 밥을 굶고 금식을 한다."고 경고하고 금식을 시작했다고 한다. 이 간증을 듣고 감동하는 분들도 있었다. 그러나 어린 아들의 마음을 생각하면 슬픔과 분노를 느끼게 된다. 철없는 자신의 행동으로 인하여 엄마가 밥을 굶고 파리하게 야위어 가는 것을 보는 아들의 마음이 얼마나 아프고 당황될까. 아들의 마음 속에 새겨질 죄의식이 그의 생애를 얼마나 어둡게 할 것인가! 이제부터 아이에게 예배는 찬양과 은총의 시간이 아니고, 엄마의 금식의 고통과 같은 선상(線上)에서 연상이 될 수도 있다.

이런 교육 방법은 지나치고 가학적이다. 왜 이 엄마는 이런 지나친 방법을 쓰게 된 것인가? 엄마 자신의 불안 때문이다. 주일학교에 안나가면 금방 자식이 사탄의 손에 넘겨져 타락할 것 같은 불안 때문이다. 자식에 대한 신뢰감, 자식의 장래를 위한 하나님의 계획에 대한 신뢰가 희미하기 때문이다. 자신에 대해서도 불안하다. 그녀는 무서운 재난의 희생자가 될 것 같은 불안에 쉽게 휩싸이고 만다. 그녀가 불행을 가져다 주는 귀신론에 심취하는 심리도 이런 맥락에서 이해할 수 있다. 부모의 불안 때문에 필요 이상의 무리한 요구를 자식에게 하게 된 것이다. 가정 교육이란 이름으로, 어른인 자기 자신도 짊어지기 어려운, 율법의 무게로 자식을 억누르고 있다. 부모도 자녀도 불행한 삶이다.

이 어머니의 내면세계에는 무서운 얼굴의 권위자가 살고 있는 것처럼 보인다. 이 내면세계의 인물은 매사에 겁을 주는 분이다. 독일 동화 '한셀과 그레텔'에 나오는 마녀처럼 그녀를 삼켜버리려 한다. 이 내적 대상(internal object)은 위협적이기 때문에 그로 부터 자신을 보호하기 위해서 이 엄마는 항상 완벽해야 하며, 도덕적 무균(無菌) 상태여야 한다. 그렇지 못할 때는 무서운 공포와 죄책감에 휩싸이고 만다. 이 내적 대상은 용서와 칭찬을 모르고, 비난과 경멸의 언어만을 갖고 있기 때문에, 이런 내적 대상을 갖고 있는 분들은 스스로 자신을 인정해주지 못하며, 자학적이다. 이런 분들을 위한 몇 가지 처방을 제시해 보겠다.

첫째는 자신을 괴롭히는 심리적 태도를 인식하는 것이다. 자신의 성장 과정을 회상해 보고 상처받은 경험들과 현재의 성격의 관계를 이해한다. 정신분석을 받는 것이 가장 정확하지만 여건이 허락치 않으면 이웃과 교제하고, 상담하는 것도 자신을 발견하는데 도움이 된다.

'밀라드 샬' 박사의 상담 예가 흥미롭다. 한 중년 남자가 있었다. 우울과 죄의식으로 사람들과 멀어졌다. 그러던 어느 날 친구들에게 자신의 느낌을 솔직히 털어놓기로 작정했다. 용기가 필요했다. "제가 제 자신의 감정을 표현하자. 그들은 경청해 주었고 함께 나누어 주었습니다. 이때 나는 나 자신을 더욱 알게 되었고, 다른 사람들이 나를 '있는 그대로' 받아들여 주었을 때 친근감이 생기고 고립감에서 해방되었습니다. 참으로 이상한 것은 그들과 친해졌을 때 하나님께 더욱 친근해지게 된 것입니다. 기도할 때도 전보다 더욱 정직해졌습니다." 상호교제를 통하여 용납을 체험하고 자신을 이해할 수 있게 된다. 따라서 좋은 대화의 상대를 갖은 사람은 정신적 보약(補藥)을 가진 것이다.

둘째는 하나님의 사랑과 용서, 은혜와 돌보심에 관한 성경 구절을 소개한다. 그리고 약을 복용하듯이 말씀을 하루 세 번씩 암기하고 묵상하게 한다.

- "하나님은 나의 목자시니 내게 부족함이 없으리로다…"(시 23편)
- "여호와는 나의 빛이요, 나의 구원이시니 내가 누구를 두려워하리요"(시 27:1)
- 간음하다 붙잡힌 여인을 용서하시는 예수님을 묵상하자(요 8:1~12).
- 탕자를 용서하시고 후대하시는 비유 등을 소개하고 이 구절에 대한 생각과 감정을 함께 나눈다(눅 15:11~32).
- "나, 곧 나는 나를 위하여 네 허물을 도말하는 자니 네 죄를 기억지 아니하리라"(시 43:25)

인간은 타인의 죄를 용서하고도 그 기억을 지워버릴 수가 없다. 그래서 자기처럼 하나님도 그러시리라 생각한다. 그러나 하나님은 다르시다. "기억지 아니하리라"고 하셨으면 안심해도 된다.

셋째는 죄를 고백하고 자신의 마음의 왕좌를 성령으로 충만케 하는 영혼의 호흡 운동을 소개하는 것이 좋다. C.C.C.(한국대학생선교회)의 소책자 '하나님의 사랑과 용서를 체험하는 방법'(빌 브라잇 著)이 큰 도움이 된다.

   넷째는 자신이 아직은 미완성의 존재라는 것을 용납하도록 한다. 우리는 모두 '공사중'인 건물과 같다. 공사중인 건물을 비난하는 것은 비합리적이다. 지금은 부족하지만 언젠가 완공의 날을 기대한다. "너희 속에 착한 일을 시작하신 이가 그리스도 예수의 날까지 이루실 줄을 우리가 확신 하노라"(빌 1:6).

의인은 하나도 없다
- 자학적 크리스천의 심리 -

"나는 하나님의 은총을 받은 사람으로서 여러분 한 사람 한 사람에게 말합니다. 여러분은 자신을 과대평가하지 말고, 하나님께서 각자에게 나누어 주신 믿음의 정도에 따라 분수에 맞는(modest; 겸손한) 생각을 하십시오"(롬 12:3).

M씨는 40대의 회사원이다. 유순하고 조용한 분이다. 교회 일도 열심히 하고 성경공부도 많이 하신다. 그러나 이분에게는 심리적 평안이 없고 표정은 항상 어둡다. 밖에서는 인정스런 분인데 집에만 들어가면 짜증을 잘 내게 되고, 밖에서 쌓인 피곤으로 지쳐 버린다고 한다. 남들에게는 친절하나, 자신과 가족들에게는 가혹하다. 항상 지쳐있기 때문에 남자가 해야 할 가정의 모든 문제들까지도 부인에게 의지한다. 자신은 항상 완벽한 인간이어야 한다고 생각한다. 그런데 실상은 그렇지 못하니 자신을 늘 책망한다.

"나는 남편으로서, 애비로서도 자격이 없는 사람입니다."
"나는 낙오자입니다. 하나님도 나를 쓰실 수 없을 것입니다."
"나의 죄는 용서받을 수 없을 것 같습니다."

늘 이렇게 말하는 M씨는 겉으로 보기에는 참으로 겸손하고, 죄를 회개하는 세리처럼(눅 18:13) 아름다워 보일 수도 있다. 그러나 자세히 들여다 보면 이 분은 하나님을 전혀 믿고 있지 않았다. 다만 자신의 심리적인 요구에 따라 하나님의 말씀을 도구로 자신을 학대하고 있을 뿐이었다.

이 분이 좋아하는 성경 구절들은 심판, 지옥, 무덤, 인간의 타락과 죄의 고발에 관한 것들이다. 우울과 절망감이 검은 연기처럼 마음을 덮고 있다. 하나님께서 M씨를 위해서 하신 일은 하나도 없는 것으로 되어 있다. 의식적으로는 신앙고백도 하고 교회 일도 하고 직분도 맡고 있지만, 방어의 껍질을 제거하고 나면 구원의 하나님, 용서의 하나님의 실체는 그의 정신 세계 어느 구석에도 없다. 실제적 무신론자다. 구역예배나 그룹, 성경공부 중 M씨가 찾아낸 말씀은 항상 자신을 열등하고 선하지 못하다고 자책하는 말씀이다. 목사님의 설교 중 가장 은혜를 받는 내용 역시 죄에 대한 공격과 비난이다. M씨는 공격 당하고 위협 당하는데 쾌감을 얻는 것처럼 보인다.

M씨의 경우처럼, 이런 끊임없는 자책과 자학은 죄의식에 그 뿌리를 두고 있다. 죄의식을 벗기 위해서 자신을 비난한다. 남이 나를 비난하기 전에 먼저 선수를 쳐 자책을 함으로써 자신을 방어한다. 더구나 교회에서는 스스로 죄인이라고 자책하고 슬퍼하는 태도를 칭찬하는 분위기가 많기 때문에 자학적인 분들은 물을 만난 고기처럼 맘껏 자학을 한다. "나는 죄인입니다." 하는 외침 뒤에서 도피처를 찾는다. 속죄를 위하여 많은 일들을 하지만 충분히 했다는 느낌이 없다. 행위보는 용납의 느낌이 안온다. 노력은 하지만 참된 회개는 없다. 그는 또한 자신의 삶 속에서 끊임없이 죄를 찾는다. 소가 되새김질 하듯이 부흥회 때마다 같은 죄를 고백하고 또 고백한다. 그리고 성령충만한 삶이란 결코 얻지 못할 공상일 뿐이라고 얘기한다.

M씨 같이 자학적인 분들의 문제는 하나님과 삶에 대한 심리적인 태도에 있다. 이런 태도는 어린 시절 부모의 양육방식에서 유래된다. 부모가 지나치게 엄격하거나, 자녀에게 요구하는 도덕 기준이 능력에 맞지 않게

너무 높고, 처벌이 가학적일 때 자녀의 성격은 자학적이 된다. 맘 속에 죄의식이 싹튼다. 부모의 사랑을 받기 위해서는 부모의 기준에 맞는 착한 행동을 해야 하는데 너무 어렵다. 부모의 요구를 충족시키지 못하는 아이는 사랑의 상실에 대한 두려움을 갖게 된다.

M씨 같은 분은 처벌에 대한 두려움에 의한 행위가 고착되어 있다. 같은 일이라도 사랑이 동기가 된 자발적 행위는 행복감을 주지만 처벌에 대한 두려움에 쫓겨서 하게 되면 초조하고 피곤하다. 부모의 요구를 충족시키는 착한 행동을 해야만 보상으로 사랑을 받을 수 있지만, 그렇지 못할 때는 가혹한 증오와 징벌이 온다는 경직된 태도를 갖게 된다.

착한 소년들도 때로는 어린이다운 실수를 할 수도 있으며, 용서 받을수 있다는 것을 경험하지 못했기 때문에 자신에게 냉혹한 자학을 강요한다. 또한 증오와 징벌을 피하기 위해서는 완벽주의와 도덕적 무균 상태여야 한다고 믿고 있다. 그러나 현실적으로 이것은 불가능하다. 좌절에 부딪힌다. 사실상 도덕적 무균 상태는 불가능한 것이 아닌가? "의인은 없나니 하나도 없다"(롬 3:10). 심리 내부의 끊임없는 완전주의의 요구와 현실적인 좌절 사이에서 죄의식이 독가스처럼 피어 오른다.

자학적 성격의 사람들은 자학과 겸손을 혼동하고 있다. 그러나 자학과 겸손은 다르다. 자학은 자기중심적이고, 처벌에 대한 심리적 욕구에서 나온다. 그러나 겸손은 하나님 앞에서 자신에 대한 바른 인식과 현실적인 판단에서 나온다. 그리고 자신이 가지고 있는 가치보다 낮은 대우를 용납하는 마음이다. '나' 이상으로 '나'를 보이려고 하는 것은 자만심이다. 그러나 '나' 이하로 '나'를 비하하는 것은 자학이다. 겸손을 가장한 교묘한 교만도 있다. 겸손은 자신의 한계를 인정하고 하나님께 의탁하는 마음이며, 하나님께서 주신 각자의 재능에 대하여 감사, 감사하는 마음이다.

자유에 대한 희망
- 절망감과 건강 -

"사람의 심령은 그 병을 능히 이기려니와 심령이 상하면 그것을 누가 일으키겠느냐"(잠 18:14)

쿠쉬너 소령은 미국인 군의관이었다. 그의 포로 생활 회고담은 '절망'과 '죽음'의 관계를 보여 준다. 그는 1967년 월맹군의 포로가 되었다. 지독한 학대와 영양실조로 체중은 절반으로 줄었다. 그가 수용소에 있는 동안 27명의 미군 중 10명이 죽어갔다. 죽은 병사 중 로버트라는 하사관이 있었다. 그는 해병 특공대 출신으로 억세고 이지적인 사람이었다. 소령이 로버트 하사를 처음 보았을 때, 빈사상태의 다른 포로들에 비하여 그는 유난히도 생기가 넘쳐 흘렀다. 체중은 40kg 이하로 떨어져 수수깡처럼 말라 있었지만, 눈은 빛났고 중노동을 견뎌냈다.

그 이유는 곧 밝혀졌다. 그것은 자유에 대한 희망 때문이었다. 교활한 월맹군 측은 포로들을 마음대로 부리기 위해서 말 잘 듣는 미군 포로 몇 명을 석방시켜 주었다. 그리고 다음 번 석방자는 로버트가 될 것이라고 했었다. 석방에 대한 희망이 로버트 하사로 하여금 모든 고통을 극복할 수 있게 하는 원동력이 되었다. 이 희망은 육체적, 생물학적 한계마저 극복하게 하였다. 그러나 약속한 6개월이 되었지만 월맹군은 그를 석방시켜 주지 않았다. 1개월을 더 기다렸으나 그래도 약속은 이행되지 않았다. 게다가 월맹군 장교의 태도가 더욱 냉담해졌다. "다 틀렸구나!"

그 길로 로버트는 심한 우울증에 빠졌다. 그리고 얼마 후 군의관의 품에 안겨 죽어갔다.

"어머님, 아버님, 정말로 사랑합니다. 그리고 바바라, 당신을 용서하오."

이것이 병사의 마지막 남긴 말이었다. 로버트는 질병 때문이 아니고, 절망감 때문에 죽었다고 쿠쉬너 소령은 말하고 있다. "자신이 아무리 노력해도 소용이 없으며, 앞으로도 소용이 없을 것이라고 믿게 되었을 때 그는 마침내 죽고 말았다."고 쿠쉬너 소령은 회고하고 있었다.

빅터 프랭클은 유대인 정신과 의사다. 나치에 의해서 체포되어 죽음의 수용소인 '아우스비츠'에 갇히게 되었다. 중노동과 영양실조로 사람들은 죽어 갔다. 몸에 상처가 있거나 노동력이 없어진 유대인들은 모두 가스실로 보내졌다. 이가 득실거리고 이로 인한 '발진티프스'로 또 많은 유대인들이 죽어갔다. 자살하는 사람들도 많았다. 그러나 끈질기게 끝까지 살아 남은 사람들이 있었다. 몸이 건강해서가 아니었고 '살아 남아야만 될, 포기 할 수 없는 이유'를 갖고 있는 사람들이었다. 이들 중 어떤 이들은 살아 남기 위하여 개처럼 살았고, 어떤 사람들은 끝까지 인간의 존엄성을 지키면서 살아 남았다. 공통적인 것은 '살고자 하는 의지'를 포기하거나 절망하지 않았다는 것이었다.

이들 수용된 유대인 중에 '닥터 O'라는 외과의사가 있었다. 하루는 그가 밝은 얼굴로 프랭클 박사를 찾아와서 간밤에 꿈을 꾸었다고 했다. 너무나 생생한 꿈이었다. 추수감사절에 연합군이 진격해화서 석방되는 꿈이었다. 이 꿈을 꾼 후부터 그는 마치 충분한 식사를 하는 사람처럼 원기왕성하고 명랑해졌다.

수개월이 지나고 추수감사절이 임박했으나 연합군의 소식은 감감했다. 어느 날 밤 '닥터 O'는 프랭클 박사에게 힘 없이 말했다. "다 틀린

거야! 헛된 꿈이었어." 다음 날부터 그는 심한 열이 오르기 시작하더니 수일만에 죽고 말았다. 자유를 행한 애타는 그리움과 희망이 '닥터 O'로 하여금 죽음의 수용소에서도 원기왕성한 삶을 살게 해주었다. 그러나 기다렸던 '그 날'이 훨씬 뒤로 물러가 버리자 그를 유지시켜 주었던 정신적 기둥이 무너져 버렸다. 이처럼 '절망감'은 인간을 병들거나 죽게 한다. 정신의학자들은 이에 대한 많은 근거를 갖고 있다.

불의를 행하는 자가 우리를 짓밟고 개가를 부를 때 절망감에 빠질 수가 있다. 그러나 성경은 "행악자를 인하여 불평하지 말라… 저희는 풀과 같이 속히 베임을 볼 것이며 푸른 채소같이 쇠잔할 것임이로다"고 하시고 "또 여호와를 기뻐하라 저가 네 마음의 소원을 이루어 주시리로다"(시 37:4)고 하신다. 유한한 우리에게 하나님만이 분명한 소망을 주신다. 불치의 병이라는 선고를 받았을 때도 인간은 절망하며, 이 절망감 때문에 병을 극복할 힘을 잃게 된다. 어떤 절망적 상황 가운데서도 주 안에서 소망을 발견할 수 있는 성도는 축복받은 신앙인이다.

자부심 키우기
- '가인 컴플렉스' -

철수가 3살 때 동생 '경이'가 태어났다. 처음에는 좋아하는 것 같더니 차츰 행동이 변하기 시작했다. 잘 가리던 오줌을 다시 싸고, 음식을 잘 안 먹고 까다로움을 부린다. 명랑하고 재잘거리던 모습은 사라지고 침울한 아이로 변해 버렸다. 남이 보는데서는 동생에게 무관심했으나 남이 안보면 꼬집고 때렸다. 그래서 벌을 주었더니 상태는 더욱 악화되어 갔다.

철수의 어머니는 정신과 의사와 상의했다. 그의 충고로 더 이상 벌을 주지 않고, 형의 위치에 대해서 설명해 주었다. 어느 날 아침 또 오줌 싼 것을 발견했다. 엄마는 철수에게 벌을 주는 대신 무릎에 앉혀놓고 쓰다듬어 주면서, 왜 다시 옷에다 오줌을 싸게 됐느냐고 부드럽게 물었다. 그러자 철수는 울면서 "나도 경이처럼 아기란 말이예요." 하는 것이었다. 엄마의 사랑을 확인한 뒤에 철수의 오줌싸게는 치료 되었다.

이런 형제간의 갈등을 '가인 컴플렉스(Cain Complex)'라 한다. 구약성경 창세기에는 형 가인이 동생 아벨을 질투하여 죽이는 사건이 있는데, 여기서 따온 말이다.

철수가 빼앗긴 엄마의 사랑을 되찾을 방법은 오줌을 싸서 어린애의 행동을 하는 것이었다. 이런 경우 어머니가 기억해야 할 것은 아이를 말로 이해시키기 보다는, 동생이 태어났어도 전처럼 사랑하고 있음을 느끼게 해줘야 한다는 것이다. 아이가 너댓 살이 되어 엄마의 말을 이해할 나이가 되었을 때는 어린 동생을 돌보는데 관심을 기울이게 해주는 것이 효과적이다. 윗 아이가, 자기보다 어린 동생에 대해 질투 대신 책임감을 느끼게 되고 약한 자를 보호한다는 자부심을 갖도록 해주면 가인 컴플렉스는 풀어진다. 이러한 자부심은 아이에게 큰 만족감을 주어 성격 발달에 좋은 영향을 준다.

　그러나 이때의 질투심이 해결되지 못한 채 마음 속에 남아 있게 되면 성장 후에 문제를 일으킨다. 특히 직장에서 동료들에 대한 질투가 많고, 항상 투쟁적인 대인관계가 되어 어려움이 많다. 고독하고 항상 경쟁자들에 둘러쌓여 사는 긴장된 생활이 되고 만다. 윗사람의 사랑을 받기 위한 과도한 아부와 동료들에 대한 지나친 경쟁심은 이 '가인 컴플렉스'의 영향일 경우가 많다. 직장 동료들을 마음 속의 동생과 동일시하고 있기 때문이다. 특히 요즘처럼 자녀가 둘밖에 없다든지, 부모가 자식을 편애하는 가정에서 자란 사람들이 이런 문제를 갖기 쉽다.

　창세기에 기록된 '에서'와 '야곱'의 사건은 대표적인 형제간 경쟁의 기록이다. 아버지의 사랑을 독점하려는 동생, '야곱'과 동생의 꾀에 넘어가 아버지의 축복을 빼앗긴 형, '에서'의 분노를 볼 수 있다. 가장 가까운 형제지간에 이런 투쟁이 일어나다니? 믿기 어려운 일이지만 흔히 볼 수 있는 심리현상이다. 형은 형의 자리가 확실하고, 동생은 동생의 자리에서 사랑 받는 인격적인 가족관계가 이루지는 가정에서는 이런 '가인 컴플렉스'가 예방될 수 있다.

내 속에서 만나는 나
- 건강한 크리스천 '아이댄티티' -

한 처녀가 있었다. 미모에다가 머리도 좋아서 좋은 직업을 가졌다. 그러나 그녀는 쉽게 우울증에 빠져서 두 번이나 정신병원에 입원을 해야만 했다. 그녀의 문제는 '혼자되는 것', 즉 고독을 못견디는 것이었다.

건강한 사람은 '혼자 있을 수 있는 능력(ability to be alone)'이 있는 사람이다. 그러나 그녀는 혼자 있게 되면, 자신의 내부가 마치 폐허가 되어버린 건물처럼 텅 비어 버린 느낌에 빠진다. 마음의 중심인 '아이덴티티'가 희미하기 때문이었다. 이 느낌이 두려워서 그녀는 남자 친구를 찾았다. 남자 친구에게 버림받을까 두렵기도 하고, 그의 모든 것이 위대하게만 보여서, 그녀는 그가 좋아하는 옷을 입고, 그가 좋아하는 책을 읽었고, 그가 좋아하는 생각과 행동을 하게 되었다. 그녀의 '아이덴티티'는 없고 흉내내기의 삶이 되었다.

그런데 어느 날 남자 친구가 이런 그녀에게 싫증을 느끼고 떠나가 버렸다. 그녀는 절망감과 분노로 정신병 상태에 빠졌다. 그녀를 지켜 주어야 할 그녀의 '아이덴티티'가 공중분해 되어버렸기 때문이었다. 어떤 사람이 주위 상황의 변화에도 불구하고 자기 '아이덴티티'를 유지할 수 있다면, 그는 건강한 사람이라고 할 수 있을 것이다.

그녀는 정신치료를 받았다. 1년쯤 치료가 계속되고 있을 때에 또 다시 실연(失戀)사건이 일어났다. 그러나 이번에는 이전처럼 정신병 상태로 빠져 들어가지 않았다. "정신치료 전에 이런 일을 당했을 때, 저는 어디에서도 제 자신을 찾아 볼 수가 없었어요. 절망감뿐이었지요. 그런데 이번에는 그가 떠나갔어도, 물론 슬프기는 하지만, 무어랄까…제 속에 제가 남아 있는 것이 느껴져요." 그녀의 '아이덴티티'의 핵(core identity)이 자라기 시작한 것이었다.

인간의 가장 근원적인 의문 중 하나가 "나는 누구일까?"이다. 이것은 자기 '아이덴티티'에 대한 질문이다. 감옥에서 쓴 어떤 신학자의 시가 이 문제를 선명히 보여준다.

「나는 도대체 누구인가?
 감방에서 나오는 나의 모습이 마치 자기 성(城)에서 나오는 영주처럼, 태연하고 명랑하고 확신에 차있다고 남들은 늘 말하지만… 도대체 나는 누구인가?
 간수들과 얘기하는 나의 모습이, 마치 내가 그들의 윗사람인 것처럼 여유있고 자유스럽고 다정하게 보인다고 남들은 늘 말하는데…(중략)
 나는 정말 사람들이 말하는 것과 같은 사람일까? 그렇지 않으면 다만 나 자신이 알고 있는 나에 지나지 않는 것인가? 새장 속의 새와 같이 불안에 떨며 그리워하다가 병이 들고, 질식할 것 같은 답답함에 몸부림치며, 사소한 모욕에도 분노로 몸을 떤다.(중략)
 나는 도대체 어떤 사람일까?
 이 고독한 물음이 나를 비웃는다. 내가 어떤 사람이건, 아! 하나님, 당신은 저를 아시옵니다. 저는 당신의 것이옵니다.」

한 신학자가 히틀러의 감옥에서 쓴, 감동적인 자기 고백이다. 남들의 눈에 보이는 그는 영주처럼 용감하고 태연하지만, 내면에서 그는 어린 새처럼 불안에 떨고 있다. '남들이 보는 나'와 '내 속에서 내가 만나고 있는 나' 중에 어떤 '나'가 진정한 '나'인가 하는 질문을 그는 스스로에게 하고 있다. 그러나 그는 대답을 이미 알고 있다. 존경스럽게도 그는 하나님 안에서 자신을 발견하고 있다.

내가 내 속에서 만나는 '나'를 정신 의학에서는 '아이덴티티'라 한다. 비록 수치스러울지라도 자신의 아이덴티티를 확인하고 받아들이는 사람은 건강하다. 아무리 용감하고 높은 사람도 그 내면세계에는 상황에 따라 불안에 떠는 '어린 새'가 살고 있다. 그래서 어떤 나이 지긋한 분은 "이 나이가 되도록 아직도 이렇게 소심하다니… 남들이 알까 부끄럽다. 도대체 어느 세월이 되어야 좀 담대해질 수 있을꼬."하고 한탄하신다. 그러나 이분만이 아니고, 유한하고 갈등많은 인간은 이 불확실한 세상 속에서, 정도의 차이가 있을 뿐, 누구나 이 신학자와 같은 아픔을 가지고 있다.

다윗왕 같은 분도 "내 영혼아, 네가 어찌하여 낙망하며 어찌하여 내 속에서 불안하여 하는고 너는 하나님을 바라라 나는 내 얼굴을 도우시는 하나님을 오히려 찬송하리로다"(시 43:5) 하였다. 그도 내면에서 떨고 있는 자신을 가지고 있었던 것이다. 장군이요, 왕인 다윗 같은 분이 이런 모습을 가지고 있으리라고는, 그 당시 그의 주변의 사람들은 상상하기 어려웠을 것이다. 그러나 정직한 인간들은 누구나 이런 고백을 한다. 우리가 다윗왕처럼, 주 하나님을 바라고, 그분의 사랑받는 자녀라는 크리스천 아이덴티티를 갖는다면, 그때부터 우리 속의 '어린 새'는 어미의 품을 만난 듯이 안심할 것이며, 건강한 성장을 시작할 수 있을 것이다.

자기 감정 표현
- 분노의 처리 -

"분을 내어도 죄를 짓지말며 해가 지도록 분을 품지 말라"(엡 4:26)

A집사님은 교양 있고 하나님의 말씀대로 살려고 하시는 부인이다. 이웃집 아주머니 댁에 가서 전도를 했다. 그런데 공교롭게도 그 날 그 댁에서 패물을 잃어버렸다. A집사님이 누명을 쓰게 되었다. 아무리 설명을 해도 오히려 입에 담지 못할 욕설을 퍼부으며 보상하라고 했다. 억울하고 분했다. 그러나 꾹 참으며 주께 해결해 주십사고 기도드렸다. 기도를 드린 후에는 또 찾아갔다. 또 욕을 먹었다. 다시 기도하고 찾아갔다. 또 욕을 먹었다.

차츰 A집사님의 생활은 어두워졌다. 언제부터인지 잠을 이룰 수 없게 되었다. 가슴은 답답하고 식욕이 없다. 그러던 중 어느 날, A집사님의 어린 따님이 그 댁에 놀러갔다. 그 댁에신 도둑의 딸이 왔다고 쫓아내 버렸다. A집사님은 참을 수 없게 되었다. 전화를 통해서 응어리진 분노를 쏟아 버렸다. 이상하게도 마음의 답답한 것이 사라졌다. 잠도 잘 자게 되었다. 그러나 주님 앞에서 패배했다는 아픔이 있었다.

A집사님의 말씀 속에서 많은 그리스도인들의 분노와 이에 얽힌 갈등을 본다. 그리스도인들이 빠지기 쉬운 함정 중의 하나는 완전주의의 환상이다. 자신은 원수를 사랑하고 용서할 수 있는 사람이 되었다는 환상이다. 또는 화를 내서는 안되고 온유한 사람이 되어 있어야 한다는 강박

관념이다. 그러나 현실은 그렇지 않다. 아직도 살아 있는 증오와 질투와 분노는 이 환상에 도전한다. 소원과 현실간의 갈등이 생긴다. 여기서 강박적인 억지 행동이 나온다. 자신이 화가 나 있다는 것을 인정한다는 것은 죄악감을 주고 자존심을 손상시키기 때문에 분노는 숨겨지고 억지 사랑의 행동(?)이 나온다.

A집사님의 경우, 상대방 부인은 오해로 화가 나 있는데, 집사님은 상대방의 심리나 형편은 무시하고 자기 할 바만 다하면 된다는 생각에서 사랑의 대화를 강요했다. 그 부인에게 A집사님은 뻔뻔한 여자로 보였고 이것은 악순환을 만들었다. 그 결과 A집사님은 패배감으로 풍성한 생활을 상실하게 되었다.

어떻게 하면 분노를 긍정적으로 처리할 수 있을까?

우선 자신이 화가 나 있다는 사실을 인정하는 것이다. 그리고 분노가 정상적인 인간 정서 중의 하나라는 것을 인식해야 한다. 화를 내지 않는 사람은 아무도 없다. 분노 자체가 죄악은 아니다. 분노를 인식하게 되면 상대방으로부터의 반격을 예상하게 되어 비굴해지는 수가 있다. 그러나 이렇게 되면 자신에 대한 혐오감이 누적되어 좋지 않은 심리 효과를 나타낸다. 분노를 인식하고 이것을 적절히 표현하는 방법을 익혀야 된다.

폭력을 통해서만 분노가 해소된다고 생각하지 말아야 된다. 언어를 통하여 큰 소리로, 빠른 말로 자신의 마음을 표현 하는 것도 분노를 처리해주는 방법이다. 이때 자신의 분노와 그 동기를 정확히 전달해야 한다. 상대방을 공격하기 보다는 자신의 느낌을 세련되게 표현하는 것이 좋다. 이것은 의사소통의 기술 중 '자기 느낌 보고(I-message)'라고 한다.

예컨대, A집사님의 경우, "당신, 나를 도둑으로 알아? 가만두지 않겠어" 하는 대신에, "부인께서 나를 의심하시니 저는 자존심도 상하고, 화도 납니다. 요즈음 저는 잠도 못이루고 식사도 못하고 있습니다." 하는 식으로 자신의 감정을 표현하는 것이다. 또한 상대방의 의도를 파악하려고 노력해야 한다. 상대방의 분노가 때로는 나 때문이 아니고 상대방 자신의 문제 때문일 경우가 많다. 자기 남편에 대한 분노가 방향을 잘못 잡아 나를 향하는 경우가 있을 수 있다는 것이다.

영국의 정신과 의사 '브라이언 버드'에게 한 부인 환자가 이유 모르게 몹시 화를 냈다. 그때 '버드' 박사는 보청기를 끼고 있었다. 알고 보니 이 부인의 동생 중에 귀머거리가 있었다. 어릴 때 이 동생과 몹시 싸웠었다. 보청기를 낀 '버드' 박사에게 화를 낸 것은 사실 부인의 남동생을 연상하고 화를 냈었던 것이다.

이 경우와는 반대로 어떤 대상에 대한 우리의 분노가 사실은 그 사람 때문이 아닐 경우도 있다. 과거의 어떤 사람에 대한 분노가 현재의 대상을 향해서 튀어 나오고 있는 것이다. 정신 의학에서는 이 현상을 '전치'라고 부른다. 분노를 적절히 처리하기 위해서는 분노의 동기와 처리 방법을 분석하고 적어보는 것도 좋다.

분노는 대상을 정확히 찾아서 직접 해설하는 것이 가장 효과적이다. 간접적 행동은 문제를 오히려 복잡하게 한다. 찌르레기라는 새는 적과 직면했을 때 투쟁하는 대신에 자기의 깃털을 부리로 다듬고 있다. 딴짓을 하므로 공격성을 회피하는 것이다. 이것을 전위행동(轉位行動)이라 한다. 인간에 있어서도 화가 난 사람이 상대방 앞에서 딴전을 피우는 경우가 있다. 사랑하는 척 한다든지…. 그러나 솔직하고 이성적인 태도로 직접적인 접근을 하는 것이 효과적이다.

인간이 모든 분노를 성공적으로 처리한다는 것은 불가능에 가깝다. 분노는 강력한 본능적 동기를 갖고 있다. 분노를 느끼고 처리하는 성격적 패턴이 각 사람마다 이미 정해져 있다. 그런데 한 인간이 본능적 욕구와 자신의 성격 결함을 극복한다는 것은, 그에게 있어서는 마치 우주가 변하는 것과 같다. 사랑과 용서는 성숙한 사람의 것이다. "아버지여 저희를 사하여 주옵소서 자기의 하는 것을 알지 못함이니이다"(눅 23:34) 자기를 죽이는 자를 이해하고 불쌍히 보시는 주님의 인격은 참으로 찬양받으실 만하다. 나를 화나게 하는 사람들이 이해되고 불쌍히 보일 때 용서가 가능해지고, 자신이 그만큼 성숙해진 것으로 알고 기뻐해야 할 것이다. 성숙한 그리스도인만이 병적 분노로부터 해방될 수 있다.

성취감 찾기
- 직업은 인간에게 어떤 의미가 있을까? -

P여사는 40대의 사장부인이다. 매사에 자신이 없고 재미도 없고, 이유도 모르게 이곳 저곳이 아파서 병원에 왔다. 자세한 검사를 했으나 신체적으로는 아무 이상이 없었다.

　P여사는 젊은 시절 가난 속에서 고생을 많이 했다. 그러나 이제는 사업도 성공했고, 좋은 집에 자가용도 최고급으로 굴리며 살게 되었다. 식모가 모든 일을 맡아서 해주기 때문에 그렇게 편할 수가 없다. 그러나 하는 일없이 시간을 보낸다는 것도 지루한 일이었다.

　이런 생활을 하던 중 어느 날부터인지 생활의 색깔을 상실하게 되었다. 특별히 기쁜 일도 없고 반가운 사람도 없다. 맛있는 것도 없고 쉬어도 몸은 피곤하기만 했다. 돈만 벌면 편하게 살고 행복할 줄 알았는데, 부자가 된 후에 이런 상태가 되니 안타깝고 원통하기까지 했다.

　'필립'씨는 미국의 큰 회사 사장이 되었다. 얼마나 피눈물 나는 노력의 결과인지 모른다. 모두들 부러워하며 축하를 했는데 불과 며칠 사이에 '필립'씨의 행동이 변하기 시작했다. 예의 바르고 싹싹하던 그가 폭군으로 변했고, 누구하고나 싸움을 해댔다. 심지어 술을 마시고는 주주총회의 실력자에게 행패 부리는 실수를 저지르기까지 했다. 매일 술에 만취되어 있었고 마침내 그는 회사에서 해고당하고 말았다. 그 후 '필립'씨는 그전 회사보다 형편없이 작은 회사에 취직이 되었는데, 사람이 달라진듯 예전처럼 또 열심히 일을 했고 예의 바른 신사가 되었다.

'P'여사와 '필립'씨는 둘 다 성공했는데 왜 우울해졌을까?

여러 가지 설명이 가능하겠지만, 이들을 우울하게 한 이유는 추구해 왔던 목표를 어느 날 갑자기 상실해버린 것이었다. 목표가 없어지니 할 일도 없어졌다. 일이 없으니 노력의 댓가로 얻어질 수 있는 성취감 또한 사라졌다. 삶을 풍요하게 하고 자존심을 높여주는 것은 돈이나 높은 지위 그 자체가 아니다. 자기 자신의 행위로 말미암아 주위의 세계가 변해 가는 것을 볼 때 나오는 것이다. 여기에 성취감이 있고 자존심도 유지되는 것이다.

쥐들을 두 집단으로 나누어 실험을 했다. 한 집단은 열심히 노력해야 먹이를 얻을 수 있었고, 다른 집단의 쥐는 아무 일을 하지 않아도 먹이를 주었다. 실험 결과, 노력없이 먹이를 얻을 수 있었던 쥐들은 게으르고 무기력해졌으며, 먹이 얻는 방법을 잘 배우지 못했다. 일하지 않고 먹이를 얻는다는 것은 동물이고 사람이고간에 병들게 만든다.

성서는 "일하기 싫거든 먹지도 말라"(살후 3:10)하시고, "일하는 자에게는 삯을 은혜로 주십니다"(롬 4:4)고 말씀하고 있다.

직업은 경제적인 생활 수단으로 필요하지만, 정신건강의 측면에서는 자신의 반응과 노력에 대한 결과와 성취감을 얻을 수 있다는데 더 큰 의미를 부여한다. 은퇴하신 분들의 심리는 우울해지기 쉽다.

동료들로부터의 고립, 인기와 보람의 상실에서 오는 아픔, 찾아와 주는 사람 없고 갈 곳도 없다는 막연함 등, 그 어느 것도 인간을 병들게 하기에 충분한 스트레스가 될 수 있다. 그래서 정년퇴직 후 6개월이 위험하다는 보고도 있다. 대체할 만한 일을 지혜롭게 미리 준비해 놓아야 한다. "자기 일에 즐거워 하는 것보다 나은 것이 없나니 이는 그의 분복이라"(전 3:21) 그러므로 만족할 만한 직업을 가진 사람은 축복 받은 사람이다.

  사람은 본시 게으른 동물이어서 일을 싫어하고 편하기를 바라지만, 일과 그 결과로 얻어지는 성취감을 상실했을 때에는 무기력과 우울증에 빠지고 만다. 이것이 인생의 모순이지만 하나님께서 왜 우리에게 일을 주시는지 그 이유를 이해하는 단서가 되기도 한다.

시선 집중이 두렵다
- 사회 공포증 -

사범대학에 다니는 여학생이 정신과를 찾아 왔다. 교생실습을 나가야 되는데 학생들 앞에 설 수가 없다는 것이다. 평소에도 대중 앞에 서기만 하면, 아니 그런 상황을 상상만 해도 공포증이 일어나서 가슴이 방망이질 치고 숨이 가빠지고 진땀이 난다고 한다. 예컨대 시내버스를 탔을 때 승객들의 시선이 자신에게 집중되면 견딜 수 없는 불안을 느낀다. 또한 강의 시간 중 교수님의 질문을 받을 때는 당황해서 정신이 가물가물해지기도 했다. 질문이 어려워서가 아니고 대중의 시선이 자신에게 모아진다는 사실 자체 때문이었다.

그렇다고 해서 그녀의 외모에 남 보기 흉한 무슨 결함이 있는 것은 아니었다. 예쁘고 성실해서 공부도 잘했고 교수님들의 인정도 받고 있었다. 아무도 이 학생이 이런 고민을 갖고 있는 것을 아는 사람은 없었다. 누군가 주변의 인물들이 자신의 이런 공포증을 눈치챌까봐 항상 초조했다. 학생의 또 다른 고민이 바로 이것이었다.

정신의학적으로는 '사회공포증'이라고 진단을 내릴 수 있다. 이런 경험은 정도의 차이가 있을 뿐 누구나 해볼 수가 있는 것이다. 통계에 의하면 전체인구의 약 1퍼센트가 '사회공포증'에 시달리고 있으며, 정신과 외래환자의 3퍼센트 정도가 여기에 속한다고 한다. 우리 나라 인구를 5천만으로 볼때 약 50만 명의 '사회공포증' 환자가 있다고 볼 수 있다.

대중 앞에 노출되었을 때 왜 공포증을 느끼게 되는가?

환자들의 생각을 분석해보면 이렇게 요약할 수가 있다. "사람들 앞에서 나는 분명히 실수를 할거야. 나의 못난 행동을 보고 사람들은 비웃고 비난하거나 모욕을 줄거야. 그 창피함과 모욕감을 어떻게 견딜까. 그리고 내게 실망한 사람들은 나를 떠나버릴거야. 버림 받은 나는 고독하고 비참한 모습이 되겠지." 그러나 이것은 환자의 상상일 뿐 이런 일이 실제로 일어나는 경우는 거의 없다. 상상의 함정에 스스로 빠져있는 노이로제 상태인 것이다. 혼자서 남모르는 눈물을 흘리며 악전고투를 하거나, 알콜 중독, 약물 중독에 빠지기도 한다. 이런 분들은 주저하지 말고 가까운 정신과를 찾아가기를 권한다. 많은 환자들이 정신 치료, 행동 요법, 약물 요법 등을 통해서 도움을 받고 있다.

런던대학의 샌들러 교수가 치료한, D씨는 30대의 엔지니어로서 사회 공포증 때문에 정신 분석을 받게 되었다. 사람들 앞에 서기만 하면 진땀이 나고 떨려서 사회 생활에 어려움이 많았다. 높은 자리로 승진할 기회가 여러 번 왔었지만 피해버렸다. 높은 자리에 앉으면 대중 앞에 설 기회가 많아지기 때문이었다. 남모르는 이 고통과 수치심으로 D씨는 우울증에 빠져 있었다. 분석치료 과정 중 치료자는 D씨의 말투가 특이한 것을 발견했다. 얘기를 할 때 마치 질문을 하듯이 말끝을 올리는 것이었다.

치료자는 자신도 모르게 질문을 받을 때처럼 말을 많이 하게 되었다. 이 현상을 분석하여 흥미있는 사실을 알게 되었다. D씨의 어린 시절, 아버지는 무섭고 무뚝뚝한 분이셨다. 직업은 프로 권투 선수였다. 말없는 아버지는 어린 D를 몹씨 불안하게 하였다. 그렇다고 아버지에게 다가 가서 감히 질문을 던질 수도 없었다. 이때부터 어린 D가 개발한 방법이 바로 말끝을 올리는 것이었다. 이야기를 할 때 질문하듯이 말끝을 올리면 아버지는 무언가 대답을 하셨다. 아버지가 무언가를 말씀하시면

비로소 D는 아버지가 자기에게 화를 내고 계시지 않다는 것을 확인하고 안심 할 수 있었다.

사회공포증도 이런 측면에서 이해가 되었다. 즉 상대방이 침묵하고 있으면 D씨는 불안에 빠진다. 그런데 사람들 앞에서 D씨가 이야기하는 동안 대중은 침묵하고 듣고만 있다. 그런 상황에 노출될 때 D씨는 침묵하는 아버지 앞에서 무서워 떨고 있는 어린이가 되어버린다. 이 '마음 속의 아이'가, 이제는 더 이상 겁먹은 아이가 아니고, 어른이 된 D씨를 지배하게 된 것이다. 이것이 D씨의 사회공포증의 실제 원인이었다. 이 '아이'가 의식에 올라와 치유되지 않는 한 D씨는 사회 공포증의 늪에 자주 빠져 들게 된다. 정신 분석을 통하여 D씨는 사회공포증에서 해방되었다.

"너희 단장은 머리를 꾸미고 금을 차고 아름다운 옷을 입는 외모로 하지 말고, 오직 마음에 숨은 사람(true inner self)을 온유하고 안정한 심령의 썩지 아니할 것으로 하라 이는 하나님 앞에서 갚진 것이니라" (벧전 3:3~4) 베드로 사도가 말씀하신 '마음에 숨은 사람'을 나는 인간의 내면에 살아 있는 '무의식 속의 자신'이라고 생각한다. 내면의 변화 없이 외양만 바꾸려는 것은 치료적 의미가 없다. 하나님은 중심을 보시는데, 속이 빈 사람들일수록 문제의 핵심은 피하고, 겉만을 상대로 문제를 해결하려 한다.

뇌 손상으로 인한 뇌의 병
- 간질병 -

비 오는 날, 시장 바닥에서 한 젊은 여인이 간질 발작을 일으켰다. 갑자기 쓰러져서 심한 경련을 한다. 눈동자는 치뜬 채로 고정되어 있었고 온몸의 근육은 경직되어 호흡이 멈추었으며, 얼굴은 죽은 사람처럼 새파랗게 되었다. 잠시 후 입에서 거품을 터트리며 거친 숨을 몰아쉬더니 의식이 돌아왔다. 자기를 둘러싼 구경꾼들을 헤치고 부인은 허겁지겁 달아나듯 사라졌다.

약 5분 동안에 일어난 사건이었다. 이 부인은 간질 대발작 환자로 보인다. 이 모습을 처음부터 끝까지 지켜본, 다른 간질환자의 목격담이다. 그는 자신이 발작할 때의 양상을 알지 못했었다. 그러나 이 부인을 본 뒤부터, 수치심과 공포 때문에 간질 치료를 결심하고 찾아왔었다.

간질은 뇌의 병이다. 그 종류도 다양하다. 경련은 없고 다만 의식을 깜박 잃는 소발작이 있다. 한 어머니가 초등학생인 아들을 데리고 왔다. 아이가 자주 넘어져 무릎이 성할 날이 없다고 하였다. 알고 보니 소발작이었다. 한 부인은 설겆이를 하다가 이유 모르게 자주 그릇을 놓쳐서 깨곤 했는데, 이분도 소발작 환자였다. 이처럼 소발작은 잠시(약 5~15초)동안 의식을 잃는다.

소발작 환자는 들고 있던 물건을 순간적으로 놓친다든지, 갑자기 한 곳을 응시하며 침을 흘리기도 하지만, 일반적으로 알고 있는 간질처럼 경련은 없다. 뇌파 검사를 해보면 이들은 아주 특징적인 모양의 뇌파를 보이기 때문에 진단은 어렵지 않다. 또 다른 종류의 간질로는, 마치 정신병자처럼 헛소리를 하며 돌아다니고 난폭해지기도 하는 측두엽 간질이다. 30대의 남자가 정신 감정을 위하여 정신과에 의뢰되어 왔었다. 시골의 순박한 농부인 이 분이 이유 없이, 안면도 없는 이웃 마을의 새댁을 살해했다. 이분은 전혀 기억을 못하고 있었다. 부인의 말에 의하면 평소에도 간질 발작을 했었는데 병원 치료는 받지 않았고 단방 약만 써 왔다고 하였다. 사건 전날 오후부터 행동이 이상해지기 시작했다고 했다. 비가 부슬부슬 내리는 마당에 서서 '여자 가수들이 오라고 한다.'며 웃기도 하고, 갓난 아이를 공격하기도 했다. 밤새 잠을 못 이루고 알 수 없는 소리를 웅얼거리더니, 다음 날 마을을 배회하다가, 평소에 알지도 못하고 원한도 없는 새댁을 이유 없이 살해하고 체포되었다.

그 후 구치소에서 의식이 돌아왔다. 순하디 순한 성격에다가 자신이 어쩌다가 구속 되었는지를 전혀 모르는 그를 법원이 정신 감정 의뢰를 했었다. 뇌파 검사상 뇌의 측두엽에서 이상 뇌파가 방출되고 있었다. 이분은 측두엽 간질이었다. 안타까웠던 것은, 누군가 주변에 의학을 아는 분이 있어서 항경련제의 약물 치료를 받게 했더라면 이런 일을 막을 수 있었을 것을, 무지와 의학 불신이 이런 불행을 초래했다.

"간질은 천질이다. 하늘이 내려준 병이기 때문에 치료 할 수 없다." 는 그릇된 믿음이 우리 사회에 오랫동안 전해져 내려오고 있다. 그러나 이 생각은 현대 의학이 우리 사회에 도입되기 전에 생긴 것이다. 지금은 수십종의 항경련제가 생산되고 있다. 정확한 진단을 받아서 잘 맞는 약을 선택하여 규칙적으로 복용하기만 하면, 적어도 85퍼센트의 환자들은 정상적인 생활을 할 수 있다.

오늘도 세계적으로, 인구의 0.5퍼센트나 되는 간질 환자들이 있다.

이 분들 중 많은 분들이 항경련제를 복용하면서, 대학교수, 물리학자, 발레리나, 농구선수, 국회의원, 호텔의 주방장 등 다양한 직업 전선에서 자신의 잠재 능력을 개발하며 살아가고 있다. 여성 환자들은 결혼하여, 약을 복용하면서도 정상적인 아기를 낳아 안심한다. 약값도 비교적 싸다. "장미회"라는 고마운 단체를 이용해도 좋다. 정신과 의사이신 장로님과 신실한 전문가들이 간질 환자들을 위하여 운영하는 단체이고, 많은 환자들이 현대의학적인 도움을 받고 있다.

간질을 정신병으로 잘못 알고 있는 분들이 많다. 정신질환은 마음의 고통과 갈등 때문에 생긴 마음의 병이며 뇌에는 이상이 없다. 그러나 간질 환자는 뇌 손상으로 인한 뇌의 병이다. 간질은 병이라기보다는 하나의 증상으로 보아야 한다. 뇌의 이상이 간질이라는 증상으로 표현되고 있는 것이다.

그러므로 뇌손상을 초래하는 모든 질환이 간질을 일으킬 수 있다. 예컨대 뇌암, 뇌염, 연탄가스 중독, 알콜 중독, 교통사고 등으로 인한 뇌손상, 당뇨병 환자들의 저혈당 시, 뇌혈관 이상으로 인한 빈혈성 경색, 뇌매독 등등, 그 원인은 다양하고 많다. 그러나 진찰실에서 가장 많이 발견할 수 있는 원인은 출생시의 뇌 손상이다. 난산을 했다든가, 출생시 아이가 숨을 못쉬고 새파랗게 되었다든가 하는 경우인데, 이때에 뇌의 산소 결핍증이 일어나서 뇌 손상이 온것이다.

어릴 때 중병으로 죽을 사람으로 내놓았다가 살아났다는 간질 환자들도 있다. 우리 나라에서 흔히 발견되는 간질의 원인 중 하나는 기생충이 뇌에 들어가는 경우이다. 돼지고기를 덜익혀 먹을 때 생기는 병이다. 그러므로 돼지고기가 분홍색을 보일 때는 절대로 먹어서는 안된다. 간질은 유전병이 아니다. 이 오해 때문에 많은 환자들이 구박을 받고, 또 결혼을 망설이고 있어서 답답할 때가 많다.

　목회자들을 대상으로 하는 의학 강좌 시간에 필자는 간질병에 대한 질문을 많이 받는다. 목회 일선에서 자주 부딪치는 문제이기 때문이리라. 또한 목사님들이 잘 가르쳐 주셔서 간질병 든 양들이 희망적인 생활을 하게 되는 것도 본다.

사랑으로 싸맨 마음의 상처
- 정신 병동의 개방(Open Ward Policy) -

"사랑하는 자들아 우리가 서로 사랑하자 사랑은 하나님께 속한 것이니 사랑하는 자마다 하나님께로 나서 하나님을 알고"(요일 4:7)

미국의 정신과 의사인 레프코트 박사(1966)는 매우 비극적인 한 환자를 보고하였다. 환자는 30대의 여자였다. 그녀는 10년 이상을 정신 병동에 입원하고 있었다. 그녀는 말을 안했다. 식사 시간을 제외하고는 말없이 하루종일 침대에 누워 있었다. 그 무엇에도 흥미를 보이지 않았다. 살았으나 죽은 것 같이 보였다. 마치 식물처럼 정지되어 살고 있었다.

그러던 어느 날 그녀의 생활에 큰 변화가 일어났다. 병동을 옮기게 되었던 것이다. 정신 병동은 두 부분으로 나누어져 있었다. 그것은 '폐쇄 병동'과 '개방 병동'이었다. 그녀가 입원해 있는 3층은 '폐쇄 병동'이었다. 이곳은 출입구에 열쇠가 채워져 있어서 출입이 통제되고 환자의 사유가 박탈당하고, 분위기는 음습하고 자유도 없는 곳이었다. 이곳은 일명 '절망의 층'이라고 불리웠다. 그녀는 이 속에서 10년 이상을 살았다.

병원 당국은 3층의 수리를 위해서 환자를 모두 1층으로 옮겼다. 1층으로 옮기기 전에 건강 진단을 실시하였으나 그녀에게 이상은 없었다. 그녀도 다른 환자들과 함께 1층의 정신 병동으로 내려왔다. 1층은 '개방 병동'이었다. 출입구에는 열쇠가 없고, 환자들은 자유스러웠다. 병원 앞의 수퍼마켓에 가서 사고 싶은 것을 살 수도 있었다. 산책도 자주 할 수 있었다. 즐거운 오락 프로그램도 많았다. 무엇보다도 사람들이 친절하고 인격적이었다. 3층, '절망의 층'과는 대조적인 분위기였다. 봄날처럼 생기가 있는 밝은 병동이었다.

'개방 병동'으로 옮긴 후 일 주일쯤 지난 어느 날, 치료팀은 그녀의 행동이 변하는 것을 볼 수 있었다. 10년 동안 말을 안하던 그녀가 말을 하기 시작했고 침대에서 빠져나왔으며, 수일 후에는 오락 요법의 그룹에 참여하기까지 했다. 그녀는 사람들 속에 참여하기를 좋아했으며 말수도 증가했다. 치료팀으로서는 기적을 보는 것 같은 변화가 아닐 수 없었다.

그러나 불행한 날이 오고 말았다. 3층 병동의 수리가 끝나고 그녀는 다시 '폐쇄 병동'으로 돌아가야만 했다. '폐쇄 병동'으로 돌아간 그 날부터 그녀는 다시 침대 속으로 들어가 버렸다. 말없이 정지된 듯 살았던 그 옛날로 돌아가 버렸다. 그러나 이번에는 전보다 더욱 나쁜 상태였다. 식사를 못했다.

3층으로 돌아간지 열흘 째 되는 날 이유 모르게 그녀는 갑자기 죽고 말았다. 그러나 그녀의 건강이 죽을 정도로 나쁜 상태는 아니었다. 레프코트 박사와 치료팀들은 그녀의 죽음의 원인이 자포자기와 절망감 때문이라고 결론을 내렸다. '개방 병동'의 맛을 보았기 때문에 '폐쇄 병동'의 지루함과 답답함은 더욱 견딜 수 없는 절망감을 주었을 것이라는 것이다.

1970년부터 심리학에서는 절망감과 죽음의 관계에 대한 많은 흥미있는 논문들이 보고되고 있다. 자포자기적인 심정이 되고 절망감에 빠지면 질병에 쉽게 이환이 되고, 갑작스런 죽음을 당하기도 한다는 것은 이미 정설이 되고 있다.

인간은 자유를 박탈당하면 저항한다. 그래도 자유를 회복할 수 없게 되면 절망한다.

폐쇄 병동은 환자의 자유 의사와는 관계없이 출입을 통제하고 많은 제한을 준다. 이런 정신 병동은 환자를 한 인간으로 대우하기보다는 이성 없는 짐승으로 보거나, 시한폭탄같은 우범자로 보는, 그런 사회의 정신 병동이다. 구라파에서는 18세기 말 필립피넬이라는 인정 많은 정신과 의사에 의해서 이런 형태의 병원이 비치료적이라는 것이 알려졌고, 그후 거의 모든 정신 병원의 체계가 '개방 병동'화 됐다. 그러나 미국의 일부 국립 정신 병원에서는 60년대 말까지도 '폐쇄 병동'을 운영했다.

물론 서구라파에서도 병원의 일부는 난폭한 환자와 뇌 손상 환자 등을 위한 폐쇄 병동을 운영하고 있으나, 급성기가 지나면 다시 '개방 병동'으로 돌려 보낸다. 영양이 결핍된 신체 질환자들에게 양질의 영양가가 공급되어야 하고 따뜻하고 세심한 치료팀의 보살핌이 주어져야 하듯이, 마음의 상처로 고통받고 있는 정신질환자들에게는 더욱 인격적이고 인정 있는 보살핌이 필요하다. 이런 보살핌과 치료팀의 태도가 치료의 성패를 좌우하는 핵이 된다.

마음이 건강하다고 하는 사람도 폐쇄된 장소에서 하루를 견디기가 어려울 것인데, 하물며 상처받은 마음이야 그 답답함을 얼마나 견디기 어려울 것인가. 인정 있는 사람이라면 누구나 쉽게 공감할 수 있을 것이다. 실습나온 의학생들의 신경과 실습 소감 중 가장 많은 코멘트가 병동의 철문과 열쇠 잠그는 소리이다. 순수한 젊은이들의 감성으로 이런 비인간적인 분위기를 견디기 힘들었을 것이다.

정신 질환은 마음의 고통이 원인이다. 따라서 그 치료는 이 고통의 원인을 찾아 해결하는 것이다. 마음의 고통은 인정있는 인간 환경 속에서 치유 과정이 일어난다. '개방 병동'은 인격 존중의 정신에서 운영되는 병동이기 때문에 가장 치료적이다.

병원사냥
- '건강염려증'이라는 병 -

C씨는 50대의 건축업자다. 목이 아파서 이비인후과 병원에 다녔다. 목에서 혹 같은 것이 느껴지고 통증이 있었다. 그러나 음식을 삼키는 데는 별 지장이 없었다. 세심한 진찰을 한 후, 의사는 아무 이상이 없고 다만 '신경성'이라고 잘라 말했다. C씨는 의사의 말이 미덥지가 않다. "나는 분명히 아프고, 혹이 느껴지는데… 혹시 암이 아닌가? 암은 발견하기가 어렵다고 하던데…" 초조해지기 시작했다. 이 병원, 저 병원, 이 의사, 저 의사를 찾아 다녔다. 이것을 '병원 사냥'이라 한다.

그러나 한결같은 진단은 '신경성'이었다. 그럴수록 C씨의 의심은 더욱 심해졌고 생활은 점점 더 우울해졌다. 짜증이 심해졌고 사업에 의욕도 없어졌다. 틈만 나면 휴대용 거울을 꺼내 들고 목을 들여다 보았다. 자신의 병을 아무도 병으로 알아 주지 않기 때문에 더욱 괴롭고 고독했다. 이렇게 고통스럽게 살다가 비참하게 죽느니 차라리 자살하는게 낫겠다는 생각을 하게 되었다. 유서를 쓰면서 밤새 울었다. 그러던 중 의사의 권유로 정신과 의사를 찾게 되었다.

C씨는 1년 전 불행한 일을 당했다. 남동생을 잃었다. 쌍둥이처럼 다정하게 같이 자라온 동생이었다. 동생의 병은 목암이었다. 동생은 피를 토했고 몹시 고통스러워 했다. 수술을 하고 1년 동안 C씨가 모든 병간호를 다했다. 동생이 목을 안고 몸부림치는 것을 보다가 "혹시 암이 전염하는 것은 아닌가?" 하는 의심이 와락 일어나기도 했다. 의사에게 물

어 보니 암은 전염하는 병이 아니라고 했지만 꺼림직했다. 결국 동생은 호흡 곤란으로 죽었다. "무서운 놈의 병!" C씨는 그 때를 회상하면서 몸서리를 친다. 동생을 땅에 묻고 며칠이 지난 뒤, 갑자기 목이 까칠까칠하고 목에 무언가 걸리는 것 같은 느낌이 시작되었다. 이것이 병의 시작이었다.

C씨 자신은 괴로워 죽겠는데 병이 없다고 하며 정신과에 보낸 의사들이 섭섭하다고 했다. 나는 그의 심정이 이해가 되었다. "투병 중에 동생이 괴로워하는 모습을 보시면서, 아마도 선생께서는 '차라리 내가 아파버리지, 괴로워하는 동생을 불쌍해서 더 이상 못 보겠다.' 하는 심정이었을 것입니다. 동생의 아픔이 자신의 것으로 느껴졌을 것입니다. 그래서 직장도 그만두시고 정성스럽게 간호를 했으나 동생은 갔습니다. 동생은 떠나갔지만, 동생의 목 아픔을 자신의 것처럼 느꼈던 그 심정은 그대로 남아 있을 것입니다. 지금 선생님이 의학적으로는 아무 이상이 없는데도, 동생과 꼭 같은 증상을 느끼고 있는 이유가 이 마음 때문은 아닐까요."

C씨는 한참 동안을 흐느껴 우셨다. 그리고 동생을 얼마나 사랑했으며 둘이서 얼마나 재미있는 어린 시절을 보냈는지를 이야기했다. 자신의 병이 이제야 이해가 된다고 하시며 웃으며 일어나셨다.

C씨의 병명은 건강염려증이다. 특별한 병리적인 이상이 없는데도 불구하고 자신이 무서운 병에 걸렸다고 믿고 염려하는 병이다. 우리 주변에는 정도의 차이는 있지만 자신의 건강에 대해서 지나치게 염려를 하는 분들이 의외로 많다. 종합병원의 내과를 찾는 환자들의 60퍼센트가 이런 분들이라는 보고도 있다. C씨처럼 가까운 친척이 죽었거나, 친지가 병으로 고생하는 것을 아프게 경험한 분들 중에 많다. 또한 건강염려

증이 있는 사람들은 어릴 때 '병 치레'를 많이 한 사람들이다. 병약한 아이였던 사람들이나, 부모가 지나치게 병을 의식했던 사람들 중에 많다. 공통적인 특성 중 하나는 의사를 믿지 않는다는 것이다. 자신이 내린 진단을 고집하고 자신의 진단을 입증해 줄 자료나 의사를 찾아다니는 것이 보통이다. 자신의 생각과 다른 진단은 오진이고, 합리적으로 설명해 주면 자신을 모욕하는 것으로 받아들인다. 그러나 의학을 공부하지도 않고, 더구나 자신의 병을 스스로 진단한다는 것은 무모한 짓이다. 의사들도 자신이나 가족의 병은 다른 의사에게 맡긴다. 건강에 관한 한 의사에게 맡겨야 한다. 그리고 자신의 주변에 자신과 같은 증상으로 고통받는 사람이 없었는지 살펴보아야 한다.

병약한 어린 시절이 건강에 대한 자신감을 약하게 한다는 사실도 알아야 한다. 정신의학적으로, 건강염려증은 마음 속의 다른 불안이 건강염려로 표현되고 있다고 본다. 마음 속의 외로움, 슬픔, 의지할데 없는 망막함, 길 잃은 어린 아이 같은 불안, 자존심의 손상, 억누르기 힘든 분노, 쓴뿌리 같은 미움, 독약같은 열등감과 죄책감…, 이런 마음의 아픔들이 신체적 증상으로 표현될 수 있다. 그러므로 신체에서만 원인을 찾지 말고 마음의 아픔을 보아야 병 치료의 길이 열린다.

무엇보다도 성령 충만하여, 우리를 돌보시는 주님께 모든 염려를 맡길 수 있는 성숙한 믿음을 갖는다면, 이런 마음의 병으로부터 자유로울 수 있을 것이다(벧전 5:7).

숨겨진 분노 찾기
- 분노의 생리 -

"내 사랑하는 자들아 너희가 친히 원수를 갚지말고 진노하심에 맡기라 기록되었으되 원수 갚는 것이 내게 있으니 내가 갚으리라고 주께서 말씀하시니라"(롬 12:19)

40대의 부인이 정신과 진찰실로 들어왔다. 우울한 표정이었다. 아랫배가 아프며 하루에 대여섯 번씩 설사를 하고 때로는 변비로 며칠씩 대변을 볼 수가 없다고 호소한다. 이런 증상은 벌써 10년이나 되었다고 한다. 내과에서 세밀한 진찰을 받아보았으나 별다른 소견이 없고 '신경성'이라는 진단만을 받았다. 약을 먹으면 며칠은 괜찮다가 재발하곤 하여 이제는 지쳐버렸다고 했다. 그런데 재발은 거의 언제나 심리적인 괴로움과 관계가 있었다.

 부인은 아들과 둘이 살고 있었다. 남편에게 이혼을 당했다. 부인의 말에 의하면 남편은 비인간적인 사람이었다고 한다. 다른 여자와 살기 위해서 부인을 쫓아내되 위자료가 아까워서 부인이 스스로 물러나도록 육체적, 정신적 학대를 가해 왔다. 견딜 수 없는 모욕을 당하던 부인은 어느 날 마침내 4살짜리 아들을 안고 집을 나와버렸다. 설사와 복통이 발생한 것은 이때부터였다. 그러나 현재의 부인은 경제적으로도 풍족해졌고 안정을 얻었다.

 부인을 괴롭히는 아무런 문제도 의식세계에는 없었다. 그럼에도 불구하고 설사와 복통이 수시로 부인을 엄습했다. 부인의 마음 속에는 아직도 남편에 대한 참을 수 없는 분노가 끓고 있었다. 부인은 흥미 있는 꿈이야기를 들려 주었다. 이 꿈은 10년 전부터 자주 되풀이되는 꿈이라고 했다. 꿈속에서 부인은 얼굴을 알 수 없는 한 남자와 싸운다. 그런데 번번히 무참하게 얻어맞고 잠에서 깨어난다. 이 꿈을 꾼 날은 더욱 배가 아팠다. 꿈속의 남자는 아마도 남편인 것 같다고 했다.

 숨겨진 분노가 이 부인의 문제였다. 정신과적 치료로 부인은 호전되었다. 치료를 마칠 무렵의 꿈이 또한 흥미로왔다. 꿈속에서 부인의 시댁 식구들이 상복을 입고 있었다. 관이 하나 있는데 남편의 것이라고 했다. 남편의 장례식을 부인은 멀리서 보고 있었다. 관이 땅 속으로 내려가는 것이 보였다. 담담한 느낌이었다고 한다. "아마 제 마음 속에서 그 사람이 떠나간 모양이예요." 마음 속의 증오의 대상이 사라지는 꿈이었다. 증오심과 복통의 관계를 보여주는 증예다.

 월프 박사의 연구에 의하면 분노를 느낄 때 위장의 점막은 충혈되고, 운동이 증가되며 위산 분비가 많아져서 마침내는 위, 장출혈과 궤양을 초래한다고 한다. 대장염의 96퍼센트가 분노 때문이라는 보고도 있다. 또한 분노는 혈관을 갑자기 수축시켜 혈압을 올리므로 뇌출혈 등의 위험을 가중시킨다.

존 헌터라는 유명한 생리학자가 있었다. 이 분은 분노가 심장에 미치는 영향을 잘 알고 있었지만, 어느 날 학회에서 자신의 학설이 공격을 당하자 너무 분해서 반격을 하려다가 그만 그 자리에 쓰러져서 죽었다. 사망 원인은 분노로 인한 심장 혈관의 순환 장애였다.

분노는 인간을 병들게 한다. 더욱이 숨겨진 분노는 인간의 뼈를 마르게 한다. 남을 증오한다는 것은 참으로 괴롭다. 미움의 대상은 차라리 편히 자고 잘 먹을 수 있지만, 미워하는 사람은 그것이 안된다. 미운 사람이 마음 속에 있으므로 잠자리에도 따라와서 잠을 못이루게 하고, 식탁에도 나타나서 식욕을 빼앗아 가 버린다. 그래서 억눌린 미움과 분노는 정신 질환의 원인이 되기도 한다. 생각해보면 이런 큰 손실이 없다. 주님은 우리에게 원수에게 복수하려 하지 말고 사랑하라고 하신다. "원수갚는 것은 내게 맡기라"(롬 12:19)고 당부하신다. 일흔 번씩 일곱 번이라도 용서하라고 가르치신다. 성경은 또한 분을 해가 지도록 품고 있지 말라고 하신다(엡 4:26). 분은 되도록 빨리 풀어 버려야 한다.

분노는 육신의 건강 뿐만 아니라 화목한 인간관계를 파괴하는 다이나마이트가 되기도 하기 때문이다. 사랑과 용서는 분노에 대한 귀한 처방이지만 알면서도 실천하기는 참으로 어렵다. "노엽게 한 형제와 화목하기가 견고한 성을 취하기보다 어렵다"(잠 18:19)고 잠언 기자는 기록하고 있다. 그러나 사람이 할 수 없는 일을 하나님은 하실 수 있다(마 19:26). 겸손히 그분의 명령을 따르는 자만이 용서하는 행복을 누릴 수 있다.

마음의 분주함과 중년기 우울증
- 강박 성격 -

　의사이면서 장로님인 L씨는 너무나도 바쁘다. 낮 동안은 밀려 들어오는 환자들을 봐야 한다. 그것도 정해진 시간 안에 엄청난(?) 환자들을 모두 봐줘야 하기 때문에 화장실에 갈 틈도 없다. 저녁 7시, 홍수처럼 환자들이 빠져나가고 나면 모임에 나가야 한다. 매일 저녁에 적어도 두세 개의 모임이 겹친다. 얼굴이라도 비치지 않으면 섭섭해할 분들이 생각나서 그는 겹치기 출연(?)을 한다.

　마음은 다음 모임을 향하여 달리고 있기 때문에 음식 맛도 모를 정도다. 이리 뛰고 저리 뛰다가, 밤 늦게 집에 돌아오면 피곤하여 곯아 떨어지고 만다. 남들은 주일날 휴식을 한다는데 L장로님은 주일이 더 바쁜 날이다. 새벽부터 기도회, 주일학교, 성가대, 대예배, 당회를 마치고 나면 오후 3시가 된다. 오후에는 심방, 개척교회 방문 등을 하고, 밤 예배와 특별 기도회를 마치고 나면 밤 11시가 돼야 집에 돌아올 수 있다. 누가 시켜서 이런 생활을 하는 것이 아니다. 자세히 보면 그 자신이 이렇게 분주한 생활 속에 자신을 밀어 넣고 있었다.

　한 가지 일과 다음 일 사이에 빈 시간이 있으면 그는 못 견딘다. 기어이 그 시간을 무엇으로든 채우고 만다. 신문을 읽든지, 라디오를 듣든지, 하다 못해서 손톱이라도 깎으면서 빈 시간을 메꾸어야 한다. 그는 꽉 짜여진 스케줄 속에서 분주히 뛰고 또 뛴다. 일 중독자(workaholics)같이 보인다. 그러나 그의 정신 세계는 행복하지 못하다. 그의 건강은 쇠약해졌고, 신경은 조급하고 날카로워서, 자주 짜증을 낸다. 그의 언어 생활 중의 중요한 두 마디 어휘는 '바쁘다'와 '피곤하다'이다. 때때로 그는 이런 피곤한 생활로부터 탈출하고 싶은 강한 충동을 느낀다. 그러나 정상 궤도를 이탈하는 것 같은 불안이 일어나고, 또 무엇을 어떻게 해야할지도 모르기 때문에 분주한 날들을 쫓기듯 살아가고 있다.

정신의학적으로는, L장로님 같은 분을 '강박 성격(compulsive personality)'이라고 부른다. 이런 성격의 사람들은 남을 지나치게 의식하고 기대를 충족시켜 드리고자 하는 의무감이 높다. 특히, 목사님, 교수님, 권력자 등 권위자 앞에서 약해진다. 100점짜리 모범 교인이라는, 목사님의 칭찬 듣기를 원한다. 가진 바를 족한 줄로 여기지 못할 뿐만 아니라 재물과 명예에 대한 은근한 욕심이 그를 지배하고 있다. 소유라는 보장과 안전 장치가 없으면 불안하기 때문이다.

하나님의 은혜에 감사하기보다는 의무감과 죄책감 속에 빠지기를 잘한다. "나는 열등인간이야, 사람들의 웃음거리가 되지 않으려면 열심히 뛰고 또 뛰어야 해!" 완벽주의의 함정에도 잘 빠진다. 예컨데 만점을 못받을 것 같이 예상되면 아예 시험을 포기해 버린다. 시간에 쫓기는 것도 하나의 특징이다. 정시에 완벽하게 일을 해내야 한다. 그렇지 못할 때는 심한 수치심과 불안을 느낀다. 누군가와 시간 약속을 하면 아침에 잠에서 깨면서부터 불안해진다. "늦지 않아야 할텐테…." 그래서 언제나 그는 정시보다 10분 이상 일찍 약속 장소에 나간다.

자신이 이렇게 열심히 시간을 지키기 때문에 상대방이 정시에 나타나지 않으면 분노가 치밀어 오른다. 그러나 이 분노는 보통 억눌려지고 표현이 차단된다. 청결과 정돈도 이런 성격의 특징 중 하나다. 쓸고 닦고

목욕하고 집정리, 책정리 하는데 많은 시간을 쓴다. 남에게 일을 분담시키지 못하는 것도 문제다. 부하 직원의 일까지도 못미더워서 자기가 다 해버려야 개운하다. 휴식이 없는 분주한 생활을 하는 많은 분들이 L씨처럼 강박성격을 갖고 있다. 이런 성격의 사람들은 자신에게 과잉부담을 안겨주기 때문에 스트레스가 높다. 안도감과 행복감을 갖을 여유가 없다. 그래도 젊을 때는 그런데로 잘 버티고 성공적인 인생을 산다. 그러나 문제는 육체적인 능력의 한계를 느끼게 되는 중년기에 발생한다. 갱년기 우울증은 이런 강박 성격에서 잘 온다. 이유 모를 초조감으로 얼굴은 벌겋게 달아오르고, 안절부절하여 방에서 거실로, 거실에서 방으로 들락거리며, 이렇게 된 자신에 대한 모멸감과 막막한 절망감에 휩싸인다.

　자살을 계획하고 있는 자신을 발견하고 놀라기도 한다. 만사가 귀찮기만 하고, 식욕도, 성욕도 바닥이 났다. 무엇보다 괴로운 것은 잠이 안오는 것이다. 적막한 어둠 속에 가족의 숨소리만 들리고, 밀려오는 불안한 상념들과 싸우다가 지쳐버린다. 그래서 갱년기 우울증은 모든 정신질환중 자살률이 가장 높고, 그것도 새벽 2시에서 6시 사이에 저지른다. 밤새워 시달리다가 새벽에 충동적으로 자살해 버리는 것이다. 마음의 분주함은 강박 성격의 특징이며 인생을 불행 속에서 허덕이게 만든다.

　예수께서 '베다니' 마을의 마르다와 마리아의 집에 초청을 받아 가셨다. 마리아는 주님의 발 아래 앉아 말씀을 경청하고 있었으나, 마르다는 준비하는 일이 많아 '마음이 분주'하여 짜증이 났던 것 같다. 이때 예수께서 마르다에게 해주신 말씀 속에서 우리는 마음의 분주함에 대한 처방을 찾을 수 있다. "마르다야 네가 많은 일로 염려하고 근심하나 그러나 몇 가지만 하든지 혹 한 가지 만이라도 족하니라 마리아는 이 좋은 편을 택하였으니 빼앗기지 아니하리라"(눅 10:41~42) 강박적인 사람들은 마르다처럼 많은 일을 하여야 행복할 수 있다고 생각한다. 그래서 잡다한 일 속에 빠져서 혼란되어 있다. 그러나 마리아처럼 정말 중요한 것, 그 한 가지 좋은 편을 선택할 때 생활이 단순해지고 건강한 휴식을 누릴 수 있게 된다.

자기의 수면 습관 갖기
- 불면증의 처방 -

잠을 자지 않는 동물들이 있을까?

생물학자들에 의하면 개구리는 잠을 안자고, 코끼리는 1일 평균 4시간을 자며 가장 많은 잠을 자는 동물은 20시간을 자는 박쥐라고 한다. 그렇다면 인간은 하루에 얼마 동안이나 자면 되는 것일까? 수면 생리학자가 건강한 성인들을 북극으로 데리고 갔다. 낮과 밤이 없는 그곳에서 그들은 아무 때나 자고 싶으면 자고, 깨어 있고 싶으면 그렇게 하도록 허용되었다. 이 사람들의 하루 평균 수면 시간은 7.5 시간이었다. 처음에는 불규칙적으로 잠을 잤지만 시간이 지남에 따라 수면 시간의 길이도 약 8시간 정도로 정해졌고, 잠드는 시간과 깨어나는 시간도 일정한 리듬을 갖게 되었다.

수면은 생명체의 많은 리듬 중 하나다.

그 주기는 생물의 종(種)에 따라 다르지만 인간은 24시간을 주기로 한다. 보통 저녁 9시에 잠자리에 드는 사람은 다음 날 그 시간이 되면 몹시 졸립게 된다. 일주기(日週期)가 한 바퀴를 돌아 제자리에 왔기 때문이다. 그러나 졸리는 시간이 지나고 나면 신체는 새로운 리듬 속에 들어가 있으므로 오히려 정신이 맑아지고 잠을 청해도 이룰 수가 없게 된다. 밤 늦게까지 일을 하거나 3부 교대의 밤 근무자들이 잠을 이룰 수 없는 이유가 바로 여기에 있다.

요즈음 고3 학생들 사이에는 '4당 5락'이란 말이 통용되고 있다고 한다. 하루에 다섯 시간을 자면 입시에 떨어진다는 말이다. 그러나 수면 생리학적으로 이 생각은 위험하다. 수면이 죽음처럼 무의미한 시간이 아니기 때문이다. 또한 사람마다 독특한 리듬이 있는 것인데 획일적으로 수면 시간을 줄여버리면 문제가 발생할 수가 있다. 여러 가지 문제들이 있겠지만 수면 리듬의 상실이 이 학생들의 신체적, 정신적 건강에 심각한 위협이 될 수 있다. 성장기에는 수면시 성장 호르몬이 뇌하수체에서 분비되는데 수면 박탈로 신체 성장의 장애가 올 수 있다.

또한 수면시 분비되는 성장 호르몬은 고갈된 에너지를 충전시켜 주는 작용이 있다. 수면 후 피로가 풀리고 정신이 맑아지는 이유가 여기에 있다. 수면시, 낮 동안에 입력된 많은 정보들이, 도서관의 사서(司書)가 어지러진 책들을 제 자리에 꽂아 놓듯이, 조직적으로 정리 되어진다는 연구 보고도 있다. 수면 리듬이 깨지면 주의 집중이 안되고 수학같은 복잡한 일이나 장시간의 주의 집중을 요하는 일의 능률이 급격히 감소한다. 그러므로 적당한 잠은 결코 낭비가 아니다.

인구의 15퍼센트가 불면증을 호소하고 있다고 한다. 불면증의 원인은 다양하다. 개인적으로 괴로운 일이 있을 때에 당연히 잠을 못이룬다. 또 주위 환경이 불편할 때도 잠을 이루기가 어렵다. 잠자리를 바꾸었다는지, 싫은 사람과 함께 자야 한다든지, 코고는 소리 같은 시끄러운 소음이 있다든지, 실내 공기나 온도 상태 등 때문에 불면증이 올 수도 있다.

특히 여름철은 밤 시간이 짧아서 수면 리듬이 깨지기 쉽고, 온도가 높아 방문을 열어놓기 때문에 소음에 노출되기 쉬워 수면 장애가 잘 온다. 체질적으로 잠을 잘 못자는 사람(Poor Sleeper)도 있다. 이런 분들은 남의 잠 자는 것을 지나치게 부러워하거나, 자신을 비정상으로 보아서는 안된다. 체질은 개성이고, 병은 아니기 때문이다. 불면증의 괴로움은 경험한 사람은 금방 공감할 것이다. 불면증이 괴로워서 자살한 사람이 있을 정도다.

불면증을 어떻게 치료해야 할까?

첫째는 정해진 시간에 자고 정해진 시간에 일어나라는 것이다. 평소의 수면 습관대로 따르라. 명심할 것은 잠을 못이루었더라도 정해진 시간에는 일어나는 것이다. 생체 리듬을 형성시켜야 되기 때문이다. 둘째, 가능하면 커피, 홍차, 콜라와 약국의 드링크류 같은 카페인이 함유된 음료를 피해야 한다. 셋째, 규칙적인 운동은 좋으나 잠자기 직전에는 삼가하고, 바둑, 화투놀이 같은 대뇌를 흥분시키는 게임도 잠자기 전에는 피해야 된다. 넷째, 침실 환경을 쾌적하고 편하게 만들라.

다섯째, 잠을 청해도 안올 때는 '수면 공상'을 하고 그래도 안오면 일어나서 잠 안오는 그 시간을 생산적으로 이용하라. 여섯째, 어떤 걱정거리가 나를 못자게 하는가를 찾아서 적어 보고, 처리하라. 문제가 풀리면 잠이 쏟아지게 되어 있다. 일곱째, 불면증 때문에 걱정하지 말라. 1964년 실험에 의하면 2백 64시간을 수면 박탈을 시켰으나 신체적으로 아무런 이상이 없었다. 잠은 황제와 같다. 원인만 제거해 주면 기어히 자기 몫을 찾아 먹는 속성을 갖고 있다.

죄책감 버리기
- 불안 신경증 -

젊은 부인이 정신과를 찾아왔다. 불안하고 초조하여 안절부절을 못한다. 무슨 불행한 일이 곧 터질것만 같은 초조감이 그녀를 괴롭히고 있었다. 자신의 마음이 마치 '도둑질이나 하다가 들킨 사람' 같다고 했다. 문 여는 소리, 그릇 부딪히는 소리, 전화 벨소리, 시계의 똑딱거리는 소리 등, 작은 소리에도 민감하고 소스라치게 놀란다. 벌써 며칠째 잠을 못이루고 있었다. 쓸데 없는 공상과 잡념으로 머리 속은 더욱 혼란하다.

초조감이 밀려오면 "이러다가 내가 미쳐서 길거리로 뛰어 나가는 것이 아닌가?" 하는 의구심 때문에 더욱 초조해진다. 자식의 잠든 얼굴을 보며 하염없이 울기도 했고, "나 죽으면 저 어린 것의 고생이 얼마나 클까…." 걱정이 태산 같다. 이 부인은 '불안 신경증'이었다. 평소에도 세심하고 꼼꼼하며 걱정이 많은 성격이었다. 늘 긴장하고 살아왔다. 친구와 약속을 하면 늦을까 걱정하고, 남편의 표정이 어두우면 "나 때문에 화가 나셨나?" 눈치보느라고 초조했다. 물가가 오르고 신문에 국가 경제가 어렵다는 기사를 읽을 때는 식구들이 거지 신세가 되어 추운 길거리를 헤매는 환상이 떠오르기도 했었다.

이처럼 매사에 걱정이 많고 긴장하는 성격의 사람들이 감당키 어려운 인생의 사건을 당하면 신경증의 증세가 나타날 수 있다. 이 부인의 경우도, 병나기 한 달 전쯤 친정 어머니가 위암으로 세상을 뜨셨다. 어머니의 병 중에 자주 찾아 뵙지 못한 죄책감이 부인을 특히 괴롭혔다. 그녀는 직장 생활을 하고 있었다. 퇴근해서 돌아올 때마다 항상 마음 속으로는 "오늘은 어머님을 찾아 뵈어야 하는데…." 하면서도 일에 지치고 아이들 때문에 주저앉아 버리곤 했다. 어머니는 전화를 걸어 조심스럽게 안부를 물으시곤 했다. 전화하시는 어머니가 딸을 보고싶어 하신다는 것을 알면서도 찾아 뵙지를 못했다. 한 달 전, 어머니의 병이 악화되어 운명하시는 바로 그날, 그녀는 직장에서 야유회를 다녀왔다.

어머니가 사경을 헤매실 때 자신은 놀러 다녔다는 죄책감이 가슴을 도려내듯이 아팠다. 어머님께 무심했던 남편도 원망스러웠지만 내색할 수는 없었다. 장례를 치르고 돌아온 날 오목가슴이 쓰리고 소화가 안되는 증상이 나타났다. 부인은 겁이 덜컥 났다. "나도 어머니 처럼 위암이…?" 무서워서 남편에게 말도 못하고 병원에도 못갔다. 부인의 마음속에서는, 아직 진찰도 받아보기 전에, 이미 자신이 위암 환자가 되어 있었다. 위암 선고를 받은 환자처럼 절망과 공포에 빠져 버렸다.

왜 이렇게 엉뚱한 불안의 함정에 빠지는가? 부인의 경우 두 가지 요인을 생각할 수 있다. 하나는 위암에 대한 그릇된 믿음이다. 위암은 유전병이 아니다. 그럼에도 불구하고 부인은 "어머니가 위암으로 돌아가셨으니 나도 위암으로 죽을 것"이라는 비과학적인 등식을 만들어 갖고 있었다. 또 다른 하나의 요인은 부인의 죄책감이다. 부모가 돌아가시면 자식들은 죄책감을 갖게 돼 있다. "더 오래 사실수도 있었을 텐데 내가 불효를 해서…" 죄책감이 있는 사람은 벌을 두려워한다.

그런데 이 벌은 자신의 죄책감만큼 심한 벌을 상상하게 된다. 이 부인의 경우는 위암이라는 벌을 두려워하고 있었다. 부인에게 위암은 곧 사형선고였다. 부인의 무의식은 자신을 사형언도 받아야 될 죄인으로 인정하고 있었다. 부인은 병원에 입원하여 위 검사를 받았고, 정신 치료를 통하여 마음의 건강을 회복했다.

"악인은 쫓아 오는 자가 없어도 도망하나 의인은 사자 같이 담대 하니라"(잠 28:1) 인간을 우울하고 불안하게 하는 정서 중 대표적인 것이 죄책감이다. 이것은 성격 구조 중 초자아의 기능에 의해서 일어난다. 초자아는 자신을 감독하고 비판하고, 이상주의를 요구하는 성격의 일개 구조다. 정신 분석의 관점에서 볼 때 양심은 초자아의 기능에 속한다.

이 초자아는 4~5세경에 부모의 태도가 내재화되어 형성되기 시작한다. 그러므로 부모가 비합리적이고, 가혹한 요구를 자식에게 하고, 처벌이 잔인하면 그런 부모의 자식들은 잔인한 초자아를 갖게 된다. 지나치게 두려움이 많고, 완벽주의, 작은 실수를 저지르고도 마치 집이라도 무너뜨린 것처럼 당황하고, 과도한 죄책감에 빠져 허덕이는 성격의 사람들은 모두 이런 잔인한 초자아의 소유자들이다.

이런 분들은 쫓아오는 자가 없어도, 마치 악인이 된 것처럼 불안해하고, 도망다닌다. 스트레스에도 약하여 쉽게 병이 든다. "나 곧 나는 나를 위하여 네 허물을 도말하는 자니 네 죄를 기억지 아니하리라"(사 40:25) 주님은 우리에게 합리적인 초자아의 원형을 주신다. 그분을 통하여, 우리 내면의 비합리적이고 병적인 초자아의 치유를 이룩할 수가 있다. "주 여호와께서 나를 도우시리니 나를 정죄할 자 누구뇨 그들은 다 옷과 같이 해어지며 좀에게 먹히리라"(사 50:9).

심리적인 욕구 충족이 필요
- 알콜성 정신병 -

K씨는 양복점을 경영하는 40대 남자다. 어느 날 갑자기 "나를 살려달라."라고 외치고, 사람을 몰라보며, 밤이면 밖으로 뛰어 나가는 이상한 행동이 나타났다. 돌아가신 외삼촌 이름을 부르면서 마치 그가 눈 앞에 계신 것처럼 대화한다. 손가락만한 사람들이 수도꼭지에서 쏟아져 나오고 있다고 외치기도 한다. 몹시 두려워 떨고 온몸은 땀으로 젖어 있다. K씨는 입원했고, 의학적 처치를 받은 지 일주일만에 맑은 정신이 돌아왔다.

K씨는 술고래였다. 입원 수일 전까지 하루도 빼놓지 않고 계속해서 마시던 술을, 위장이 나빠져서 갑자기 끊어야만 했다. 술을 끊고 이틀째 되는 밤에, 시계가 12시를 치자 커텐이 흔들리더니 돌아가신 외삼촌이 나타났다. 알콜의 금단 증상으로 환각이 나타났던 것이다. K씨는 혼비백산하여 부인을 깨웠다. 외삼촌이 자기를 죽이려 한다고 외쳤지만 부인에게는 아무것도 보이지 않았다. 외삼촌은 K씨를 원망했다.

겁을 먹은 그는 신부님을 찾아 갔다. 그러나 그날 밤에 나타난 외삼촌은 "네가 그럴 줄 몰랐다."라고 길길이 뛰며 화를 냈다. K씨의 의식은 점점 더 혼란상태로 빠져갔다. 그는 알 수 없는 말을 외치고 무엇에 홀린 듯이 행동했다. 위험을 느낀 가족이 그를 입원시켰던 것이다.

회복된 후에 그가 회상한 이상한 경험 중에는 이런 것도 있었다. 검은 양복을 입은 남자들에게 은행 앞에서 납치되었다. 그곳은 들쥐의 나라였다. 쥐들이 그에게 왕이 되어 달라고 간청하였다. 그는 혼자되신 어머님과 처 자식 때문에 안된다고 뿌리치고 왔다고 한다. 정신을 차려보니 정신병원이었다고 했다. K씨는 술에 의한 정신병이었다.

술은 뇌 기능을 억제한다. 뇌가 술에 의하여 장기간 억압당하면 뇌는 여기에 맞게 적응한다. 그런데 갑자기 술을 끊어서 이 억압을 풀어 버리면, 억눌렸던 스프링이 튀어 오르듯이 뇌는 과도한 흥분상태에 빠지게 된다. 환각이 생기고 공포감에 휩싸이게 되며 지남력을 상실하기 때문에 사고의 위험이 높다. 한 남자 환자는 6층 병실이 일 층인 줄 알고 뛰어 내릴 뻔한 일도 있었다.

그러므로 알콜이즘 환자들은 술을 끊을 때에 의사와 상의하면서, 대략 10일 동안에 3일 간격으로 하루 주량의 3분의 1씩을 줄여가는 것이 좋다. K씨 같이 급성 알콜 중독은 입원시켜서 안정제를 주어 재워주고, 비타민을 공급해주고, 사고를 예방해주면, 합병증이 없는 한, 10일 이내에 정상으로 돌아온다.

그러나 이런 급성 알콜중독 보다 더 문제가 되는 것은 퇴원 후에도 계속 마셔대는 만성중독이다. 임상에서 흔히 만나는 알콜이즘들은 그 경과가 대략 유사하다. 유능했던 분이 술로 인하여 도덕 관념이 흐려지고 성격이 과격해진다. 친구들로부터 소외 당하고, 실수가 많아져서 경제적으로 망한다. 마침내는 이혼 당하고, 건강이 엉망이 된다. 특히 간경화로 사망하거나 술로 인한 사고로 사망한다.

이런 환자들을 보면서 나는 인간이 자신을 사랑하기만 하는 것이 아니고, 인간의 성격 내부에는 '자신을 파괴 하는 내적 원인'을 가지고 있음을 본다. 그렇지 않고야 그렇게도 다정하고, 유능하던 사람이, 어이없이 자신을 파괴해 갈 수가 없기 때문이다. 이 심리 내적 존재의 강함과 악독함, 그리고 교활함은 지독할 정도다. 정신의학적으로, 알콜이즘 환자들은 유아기에 차갑고 비인간적인 가정에서 자란 사람들이다. 따라서 어머니에 의해서 충족되지 못한 의존욕구를 가지고 있다. 그래서 그들은 부인에게서 이런 욕구의 충족을 원한다. 알콜이즘 환자들 중에는, 부인의 냉담함이나 부인의 부재가 악화의 원인이 된 경우가 많다.

또한 알콜이즘은 어린 시절에 본받을 만한 인물을 경험하지 못한 사람들이다. 사람이 자신을 통제하고 조절하여 사회생활을 유지하게 하는 성격의 일면을 초자아라 하는데, 이 부분은 부모를 본받음으로 형성된다. 그런데 이 부모가 지나치게 변덕이 심하고, 냉담하거나, 가르침에 일관성이 없으면 아이의 초자아는 비기능적인 것으로 형성된다.

술을 마시다가 적당한 시기에 술 잔을 놓을 수 있게 하는 기능은 초자아의 기능이다. 그러나 이 기능에 장애가 오면 그는 브레이크가 고장난 자동차처럼 폭주로 달려가서 알콜이즘이 되고 만다. 또 다른 경우는 성격이 평소에 소심하고, 죄책감이 많아 억눌린 생활을 하던 사람들이다. 술은 이 억눌림으로부터 해방감을 주기 때문에 이 재미를 보려고 술에 탐닉하게 된다. 그래서 알콜이즘의 치료에는 술 보다 더 강력하게 심리적인 해방감을 주는 방법이 필요하다.

성경에는 알콜 정신병이 기막히게 잘 묘사되어 있다(잠 23:29~35). 알콜이즘 환자가 교회에 나감으로 치유되었다는 보고가 있다. 교회는 알콜을 금하는 사회이고 술을 마시지 않고도 행복하게 사는 사람들의 사귐이 있다. 모범이 되는 인격이신 예수님을 닮은 사람들이 있다. 여기에서 알콜이즘 환자들은 그들에게 필요한 심리적인 욕구의 충족을 누릴 수 있을 것이다.

욕구의 방어기제를 '승화'로!
- 모형비행기로 즐거움을 찾은 소년 -

 한 역사학자가 있었다. 이분은 자기가 출생한 전원 도시의 연구에 특히 심취하여 큰 업적을 남겼다. 그런데 이분이 역사학자로서 고향 연구를 하게 된 것은 무의식적 욕구를 승화시킨 결과였다. 그는 두 살 때까지 고향에서 어머니의 젖을 독차지하고 살았다. 그런데 동생이 태어났다. 몸이 약한 어머니는 어린 그를 큰집으로 보내버렸다. 그는 어머니를 상실했다. 그래서 고향은 그의 생애 중, 그가 경쟁자 없이 어머니를 독점할 수 있었던 유일한 곳이 되었다.
 어머니를 상실한 유아의 불만과 이에 따르는 불안이 해결되지 못한 채로 마음 속에 갈등으로 남아 있었다. 상징적으로 고향은 어머니의 젖가슴이었다. 그가 역사학 전공을 선택한 것이나, 고향 땅을 애정을 갖고 탐구하였던 것은 어머니의 젖가슴을 파고 들고자 하는 어린 그의 욕구가 승화되어 나타난 것이었다. 이렇게하여 그의 욕구는 비록 모양은 바

꾸어졌지만 성공적으로 충족되었다.

　한 조각가가 있었다. 그는 진흙을 주물러서 멋진 조각품을 만들어내는데 쾌감을 느낀다. 어떤 이유로 그가 정신분석을 받게 되었다. 이때 그가 왜 하고 많은 직업 중에 조각가를 선택하였는가 하는 이유가 드러났다. 그는 유년기에 대변을 주무르고자 하는 강한 욕구가 있었다. 이런 욕구는 어린이들에게 흔히 있는 것이지만, 부모의 강한 혐오감을 불러 일으킨다.

　이때 어린이는 당연히 자기욕구를 억압해야만 한다. 이 욕구의 주장은 징벌을 예상하게 하기 때문이다. 그도 역시 대변을 주무르고자 하는 욕구를 억압하였다. 그런데 그의 경우는 이 욕구가 유난히도 강하여 갈등상태에 빠졌다. 성장 후, 그가 진흙을 주물러서 아름다운 예술 작품을 만드는 것은, 사실은 대변을 주무르고 싶어 하는 소원의 승화된 실천이었다. 그에게 있어서 진흙은 대변을 상징하고 있었다.

　인간의 어떤 욕구, 특히 성적욕구나 공격욕구는 인간을 불안하게 한다. 이럴 때 인간 무의식은 이 불안을 방어하고 마음의 평화를 회복하는 노력을 하게 된다. 이것을 '프로이드'는 방어기제라고 명명 하였다. 앞에서 본 역사학자와 조각가는 욕구와 관련된 불안을 '승화'라는 방어기제로 처리하고 있었다. 다양한 방어기제가 있는데 그 중에서도 '승화'는 가장 건전한 것이다. 불안을 성공적으로 막아줄 뿐만 아니라, 욕구도 충족시켜 주기 때문이다. 그것도 사회적으로 바람직한 방향으로 충족되기 때문에 갈등도 없고 인격적인 성장을 이룰 수도 있게 된다.

　한 소년이 정신과를 찾았었다. 그는 너무나 빈번한 자위행위로 고민하고 있었다. 성적욕구를 견디기가 힘들었다. 수개월 후 밝아진 그를 치료자가 다시 만나게 되었다. "요즈음은 어떠니?", "선생님, 요즈음 저는 모형 비행기를 만들고 있는데요. 너무나 재미있고 바빠서 자위행위를 할 생각이 없어졌어요." 이 소년은 성적욕구를 건전한 작업을 통하여 성공적으로 발산하고 충족시키고 있었다.

인간 내면에서는 끊임없이 금지된 욕구들이 일어나고 있다. 이것을 어떻게 처리하느냐에 따라서 인격의 성숙도가 달라진다. 흔히 사람들은 욕구의 충족방법은 하나뿐이라고 생각한다. 예컨데 성적 욕구는 성행위를 통해서만 충족될 수 있다고 믿고 있는 것이다. 그러나 실상은 그렇지 않다. 인간은 놀라운 적응능력을 가지고 있어서 성적욕구의 좌절을 당했을 때라도 이 욕구를 승화시켜 건전하게 충족시킬 수 있는 것이다.

예컨데 교회의 고등부 학생들의 수련회를 들 수 있다. 주님의 귀한 가르침을 따르는, 바른 가치관을 가진 반사들의 보호 하에서, 남녀 고등학생들이 만나고 수련회를 기획하고 실행한다. 이 과정 속에서 청소년들은 자신들도 모르는 사이에 욕구가 승화되고 인격이 건강하게 자라는 것이다. 이처럼 승화될 기회가 없이 음습한 곳에서 공상만을 일삼는 청소년들에게서 문제가 발생하는 것이다.

올림픽도 스포츠를 통한 욕구의 '승화'로 볼수 있다. 예컨데, 사격의 경우, 총이란 본래 살상용 무기다. 그러나 스포츠로 승화된 사격에서는 사격 목표가 사람이 아니고, 과녁으로 바뀌었다. 승패의 결정도 상대방을 공격하여 얻는 것이 아니고, 자신이 세운 기록을 가지고 상대방을 패배시킨다.

게임에서 혹 패배자가 되어도 큰 상처를 받지 않고 살아 남는 길이 열려 있다. 일정한 규칙이 있고 '페어 플레이' 정신이 존중되기 때문에 당당히 싸운 뒤에 패배한 사람은 오히려 존경을 받는다. 승자는 총을 쏘는 행위를 통하여 공격욕구의 충족을 맛보았고, 메달을 땀으로써 사회적 명예를 획득하는 두 가지 이득을 동시에 획득하게 된다.

굳이 사람을 공격하거나 해칠 필요가 없는 것이다. 인간에게는 파괴적인 공격욕구가 있다. 이것을 승화시키지 못하면 개인도, 국가도 전쟁으로 망하게 된다. 올림픽은 국가들에게 서로를 공격하되 서로를 파괴시키지 않는 자리를 마련해 주어서 국가들에게 공격욕구의 승화된 충족을 허용해 주고 있다.

그래서 올림픽은 전쟁 예방의 효과가 있다. 또한 올림픽은 인간 능력의 한계에 도전한다는 공동의 목적을 달성하게 한다. 그러나 인간 내면에 들어 있는 사악함을 예수님이 이미 지적하셨다(막 7:21~23). 그리고 승화의 방어기제는 한계가 있어서 오늘도 세계 도처에서 전쟁의 총성이 끊이지 않는다. 여기에 우리 인류가 전능하신 하나님 앞에 엎드려 겸허히 해답을 구해야 하는 이유가 있다.

치료의 핵심은 인내와 사랑과 이해
- 정신분열증과 죄책감 -

17살의 J군을 어머니가 정신과에 데리고 오셨다. 며칠 전에 "누가 나를 미행한다."고 외치며 내문을 박차고 뛰어들어 왔는데, 놀라서 어머니가 달려 나가 보았으나 미행자는 없었다. 그러나 그 일이 있고 나서는 학교를 안가려 하고 방문을 걸어 잠그고 하루종일 누워만 있다고 했다. 환청을 듣기도 하는데 그 내용은 남자들이 J군을 흉보고 비난하는 것들이었다. "저 녀석은 음탕한 놈이야 그치?", "그래, 점잖을 빼고 있지만 나쁜 놈이야." 환청 속의 사람들은 자기들끼리 이야기를 한다. 더욱 기가막힌 것은 J의 형편과 마음을 너무나도 정확히 알고 있다는 것이었다.

환청이란 자신의 마음의 소리이기 때문에 J군의 마음을 정확히 알고 있는 것은 당연한 일이지만, 이 사실을 모르고 있는 J군의 입장에서는 놀라고 당황할 수밖에 없었다. 그의 진단명은 정신분열증이었다. "어쩌다가 내 자식이 이 지경이 되었는지 모르겠어요. 선생님 어쩌면 좋아요." 참담한 심정으로 어머니는 울었다. 환청이 심하여 J군을 입원시켰다. 어머니는 처음에는 입원을 반대하셨지만 의사의 권유를 받아들여 주셨다.

J군이 어느 정도 회복된 후에야 원인이 밝혀졌다. 그것은 성적욕구와 이와 관련된 죄책감이었다. J가 중학교 2학년 때 부모가 여행을 떠났다. 8살짜리 여동생과 단둘이 집에 남았었다. 어쩌다가 J는 여동생의 성기에 손을 댔다. 그 이상의 일은 없었지만 이 일은 J군의 마음 속에 큰 죄책감을 주어왔었다.

특히 자라면서 영화 등에서 성적인 자극을 받을 때면 극심한 죄책감을 느끼게 되었고, 누군가가 동생과의 일을 알아버릴 것같은 두려움을 느꼈다. 고등학생이 되고 육체적으로 성장하면 할수록 성욕은 더욱 강해지고, J의 갈등은 더욱 심해져갔다.

그러던 어느 날이었다. 시내버스 속에서 한 사건이 터졌다. 그때는 시내버스에 여자 안내원이 있을 때였는데, 버스가 갑자기 출발하는 바람에 J는 중심을 못잡고 쓰러지면서 안내원의 젖가슴을 짚게 되었다. 고의가 아니었다. J의 잘못은 없었다. 그러나 안내원은 버스 속의 모든 승객이 다 들을 수 있을 만큼 큰 소리로 욕을 하기 시작했다. 당황하고 부끄러워서 쩔쩔매다가 J는 다음 정류장에서 허겁지겁 내려버렸다.

이 사건 후 누군가 자기를 미행하는 느낌이 들었다. 자기를 죽일 것같은 공포가 엄습했다. 두려워서 외출을 할 수가 없었다. 숨기고 싶었던 성적인 욕구와 죄책감이 버스 속에서 공개되어 버렸던 것이다. 이 사건이 정신분열증을 유발시켰다. 그러나 그가 자신의 비밀을 털어 놓을 대화의 상대를 일찍이 만날 수 있었더라면 이렇게 되지는 않았을 것이다.

J군의 경우처럼 정신분열증은 숨겨진 원인이 있다. 정신분열 환자들은 숨겨진 죄책감과 처벌에 대한 불안을 갖고 있는 경우가 많다. 고통스러우면서도 이 고통을 효과적으로 처리할 수 있는 방법을 찾아 나서지 못하는 소심한 성격이 근본 문제다. 성장과정 중에 건전한 자아상이 형성되지 못하여, 열등감이 심하고 쉽게 마음에 상처를 받으며 자존심의 손상을 견디지 못하는 약한 성격이 된 사람들이다.

이런 성격의 사람들은 행동에 특징이 있다. 자폐적이다. 달팽이가 딱딱한 껍질 속에 숨어서 두 개의 촉각만을 밖으로 내밀고 외부 현실을 살피고 있듯이, 환자들은 자신의 몸을 되도록 사람들에게서 숨기고 싶어하며 혼자서 환상 속에 잘 빠진다. 바깥 세상이 위험하게 보이기 때문이다. 어릴 때부터 무시당하고 마음의 상처를 받은 경험이 많아서 사람 만나기가 두려워진 것이다. 이들의 관심은 자기의 생각에 집중되어 있다. 극단적으로 이 상태가 악화되면 "누가 나를 미행하고 죽이려 한다.", "내 전화는 도청되어 있고 사람들은 내 흉을 보고 있다."는 등의 피해망상에 빠진다. 환각도 동반되어 주변의 남들은 못 듣는 소리를 듣기도 한다. '잘라진 손', '날라 다니는 뱀'을 보기도 하고, "내 몸에서 시체의 냄새, 죄악의 냄새가 난다."는 호소를 하는 환자도 있었다.

이런 경험을 하는 환자의 입장에서 본다면 이것들은 지독한 공포감과 고통을 주는 것들이다. 환자들은 이 고통과 싸우고 있다. 다만 비효과적으로 싸우고 있거나, 이해가 부족한 가족들의 무의식적 박해를 받고 있는 것이다.

치료적인 면에서, 먼저 환자들은 격심한 죄책감과 열등감의 근심에서 자신을 구해야 한다. 죄를 씻어 주시고 '세상이 줄 수 없는 평안'을 주시는 예수님을 믿음으로 여기서 벗어날 수 있다. 그리고 자기 공상에만 관심을 쏟지 말고 남의 일에도 관심을 돌려서 가능한 대로 적극적인 대인관계를 시도해 보아야 한다(빌 2:4). 그리고 환자의 가족들이 알아야 할 것은 환자가 현재 고통을 받고 있다는 것을 알아 주라는 것이다.

인내와 이해와 사랑이 정신분열증 치료의 핵심이다. 안전하고 우호적인 분위기를 만들어 주어야 달팽이의 껍질 속에서 나온다. 환자들도 그 속은 답답하다. "모든 악들과 걱정과 분노와 소란과 욕설과 그리고 온갖 악의를 내어 버리고 서로 친절하며 다정하게 되어 하나님께서 그리스도 안에서 여러분을 용서하신 것 같이 서로 용서 하시오"(엡 4:31~32).

정신병자에 대한 편견을 버려라
- 정신질환자 정신병적 행동의 숨겨진 의미들 -

찌는 듯이 더운 어느 여름이었다. 정신과 간호원이 황급히 의사를 부른다. 달려가보니 그날 입원한 환자가 굉장히 흥분한 상태다. 키가 크고 근육이 발달한 환자 M씨는 돌 깨는 인부였다. 어찌나 힘이 센지 발을 구를 때마다 병실 마룻바닥이 얇은 얼음 깨지듯 부서진다. 유리창을 깨고 침대를 엎어버린다. 고함소리가 병동을 진동한다. 무서워서 아무도 접근을 못한다. 나도 무서웠다. 입원한 지 얼마 안된 환자는 치료자에 대해서 파악할 시간이 짧기 때문에 치료자를 위험시하고 공격할 위험이 있다. 그러나 사태가 급하였다.

내가 이분을 해치려는 마음이 아니니까 이분도 내 맘을 알아줄 것이라는 마음도 있었다. 나는 병실 문 앞에서 주님께 기도하고 병실 문을 열고 들어섰다. 그는 어두운 방 한편에서 나를 노려보고 벽력 같은 호령을 하였다. "나가! 시시한 놈, 하나님의 사자인 내가 너 같은 놈하고 상대하겠나. 나가!" 얼굴은 창백하고 고함소리는 가슴을 떨리게 한다.

"나는 여기 근무하는 의사입니다. 방금 선생이 하나님의 사자라고 하셨는데. 그렇다면 하나님의 사자의 모습을 보여주시오. 그러면 나는 선생을 믿고 존경해 드리겠소. 그러나 선생이 하는 행동은 하나님의 사자의 행동이 아니오. 선생은 병원을 부수고, 사람들은 선생을 구경하고 있소. 누가 선생을 하나님이 보내신 사람이라고 믿겠소. 나는 선생이 병원 기물을 파괴하는 것을 말려야 할 책임이 있는 사람이오." 입은 마르고 목소리는 떨렸다.

　그러나 놀랍게도 M씨의 태도가 극적으로 바뀌었다. 시선을 아래로 떨어뜨리고 양처럼 순하게 되었다. "우리 형님이나 불러다 주시오." 나중에 알게 되었지만 이 요구야말로 M씨가 가장 절실하게 원하는 것이었다. 우리는 같이 병실에서 나와 면담실로 들어갔다. 그때 형 되는 분이 달려왔다. M씨는 벌떡 일어나서 형을 문 앞에 세워 놓고, 영주 앞에 충성을 맹세하는 기사처럼 그 앞에 무릎을 꿇고 외쳤다. "형님! 형님은 해요, 나는 달입니다." 이 당시는 아무도 M씨의 행동과 말을 이해하지 못했다.

　M씨가 3살 때 아버지가 돌아가셨다. 어머니는 어린 M을 버리고 달아나버렸다. 동네사람들이 굶주리고 울고 있는 M씨를 큰댁으로 데려다 주었다.

　큰댁은 부자집이었다. 그러나 M씨는 머슴처럼 살아 왔다. 큰댁의 사촌들은 여자들까지도 모두 고등학교를 졸업하였으나 M씨만은 초등학교 졸업이었다. 서러운 삶이었다. 나이 20살이 되어서 돌을 깨내는 공사판에 취직을 했다. 돈도 모을 수 있었다. 성실하고 힘이 좋아서 현장 소장님의 눈에 들었다. 소장의 중매로 2년 전 결혼을 했다. 순하고 착하기만 한 부인이었다. 딸을 낳았다. 난생 처음으로 M씨는 안정되고 행복한 사람이 되었다.

　그런데, 어릴 때 달아나 버렸던 생모가 거지처럼 되어 나타났다. 큰댁에서는 "무슨 염치로 나타났냐?"고 문전에서 쫓아냈다. 그녀는 어떻게 알아냈는지 M씨의 집을 찾아 왔다. 미운 어머니지만 불쌍한 어머니를 M씨는 맞아들였다.

　이날부터 어머니는 며느리를 구박하기 시작했다. 어린 자식을 버릴 정도의 여인이니 그 인간성이 얼마나 비정한 것인가 상상할 수 있었다.

견디다 못해 M씨의 부인은 애기를 업고 집을 나가 버렸다. M씨는 미친 사람처럼 부인을 찾아헤맸다. 식사도 못하고 잠도 안 자고 일주일을 찾아다녔지만 찾지 못했다. 기진맥진하여 M씨는 집에 돌아왔다. 저주스러운, 그러나 미워해서는 안되는 어머니만 성난 표정으로 집을 지키고 있었다.

그날 밤 M씨는 이상한 경험을 했다. 갑자기 머리가 맑아지면서 방안에서도 천장이 없는 듯 하늘이 보이고 하나님의 소리가 들렸다. "너는 내 사자다. 세상이 망할 것이다. 이 사실을 사람들에게 알려라." M씨는 세상의 모든 이치를 다 알 것 같았다. 기분이 유쾌해졌다. "알았다!" M씨의 고함소리를 듣고 어머니가 달려왔다. M씨는 큰댁의 사촌형님과 함께 정신과를 찾아왔다. 입원되었다. 낯선 병원, 낯선 사람들. M씨는 두려웠다. 의지가 되던 형이 식사하러 나간 사이에 M씨의 두려움은 극에 달했다.

두려울 때 사람은 대략 두 가지 반응을 보인다. 두려움을 주는 상황에서 달아나든지 싸우든지 하는 것이다. M씨는 근육이 발달한 힘센 사람이었다. 고함을 지르고 힘을 과시함으로 자신을 보호하고자 했던 것이다. "나는 너희들이 두렵다. 그러나 나는 이렇게 힘세고 무서운 사람이니 접근하지 마라." 이것이 M씨의 난폭행동의 의미였다. 의사에게 "형님이나 불러다 주쇼." 한 것은, "나는 두렵습니다. 나의 보호자를 좀 불러주십시오."하는 의미였다. "형님은 해요. 나는 달입니다." 한 것은 '해 없이는 달이 살 수 없는 것처럼 형님 없으면 나는 못 삽니다. 제발 저를 떠나지 말고 제 곁에 계십시오."하는 의미였다. M씨는 잘 치료되어서 퇴원했다. M씨의 이 모든 행동의 의미들은 호전되어 퇴원할 무렵에 밝혀진 내용들이었다.

M씨의 경우와 같이 정신질환자의 행동과 언어는 나름대로의 의미를 갖고 있다. 사람의 마음 속을 꽤뚫어 보시는 예수님 같은 분은 쉽게 의미를 보실 것이다(눅 9:47). 인간의 슬픔에 대한 깊은 동정과 사랑을 갖고 있는 분들은 쉽게 환자의 고통에 공감할 수 있다. 무엇보다 나쁜 것은 편견을 가지고 사람을 보는 것이다. "정신병자의 행동은 의미없는 것이다."는 편견이나 "정신병자는 모두 귀신 들린 자다."는 편견의 안경을 쓰면, 귀신과 정신병자만 보일 뿐 고통받고 있는 인간은 보이지 않게 된다.

열려진 다른 문을 보라!
- 자살하고픈 사람들에게 보내는 편지들 -

헤밍웨이는 그를 정신병원으로 데려갈 헬리콥터가 도착할 시간에 엽총으로 자살했다. 사고사라고 하는 사람들도 있지만 자살사를 주장하는 정신의학자도 있다. 정신병원과 전기치료에 대한 거부로써 자살을 택했다는 것이다.

그 전말은 이렇다. 헤밍웨이는 우울증에 빠져 있었다. 나이가 들면서 글이 잘 써지지 않았다. 말라버린 샘처럼 그의 영감과 창조성의 샘은 말라 그를 우울하고 답답하게 만들었다. 이럴 때는 현실을 받아들이고 기분전환을 하며 기다리는 것이 통상적인 방법인데 그의 친지들은 그를 정신병원에 입원시켜버렸다. 그곳은 비인간적인 전기치료(전기충격요법)를 하는 정신병원이었다.

전기충격은 인간의 영감과 같은, 고도의 정신기능을 파괴한다는 보고가 있다. 퇴원한 헤밍웨이는 전보다 더욱 나빠졌다. 작품도 발표했지만 반응은 엉망이었다. 그는 더욱 절망하게 되었고 우울해졌다. 주위 사람들은 다시 정신병원에 입원할 것을 권했다.

우울증에 빠진 그는 저항할 힘이 없었다. 정신병원 입원과 전기치료, 그리고 그 후의 답답함에 대한 예상 때문에 그는 죽음을 택했다. 따라서 그의 죽음은 자살이라기보다는 무식하고 비인간적인 당시 미국의 일부 정신과 의사들에 의한 타살이라는 것이다.

일본의 인기 소설가이며 재벌이었던 미시마 유끼오는 할복자살했다.

사무라이처럼 일본도로 배를 갈랐고, 제자가 그의 목을 쳐 주었다. 제자가 실수로 목을 잘못 치자 "바보 같은 놈, 똑바로 해라."고 고함을 쳤다고 한다. 그의 자살 이유는 일본 정신, 즉 군국주의 정신의 본보기를 보여주기 위한 것이었다. 일본 자위대를 모아 놓고 군국주의로 돌아가자고 외쳤지만 야유를 받고 그 자리에서 자살했다.

TV 카메라맨을 불러서 이 과정을 다 찍어서 방영하게 했다. 일본은 자살을 미화시키는 이런 비인간적인 행동을 하는 나라이다. 그래서 자살률이 세계적으로 높다.

헤밍웨이나 미시마 유끼오는 정말 죽으려고 확실한 방법을 택했다. 그러나 정말 자살하려는 의도가 아닌 '제스추어 자살기도'가 있다. 관심을 끌어서 목적을 달성하려는 동기에서 나온 것이다. 몇 가지 특징이 있다. ① 사람들에게 쉽게 발견될 수 있는 장소에서 한다. ② 시간이 늦은 밤이 아니고 사람들이 깨어 있는 낮 시간이다. ③ 자살 방법이 치명적이지 않다. ④ 얻어내고자 하는 분명한 이익을 가지고 있다. ⑤ 관심을 끌려고 한다. 그러나 잘못하여 진짜로 죽게 된 환자도 필자는 보았다.

자살하는 사람들을 분석해보면 숨은 동기를 가지고 있다. "나 같은 쓸모없는 쓰레기 같은 인간은 죽어 없어져야 돼." 하는 생각에서 쓰레기를 치우듯이 자살기도를 하는 경우, 또는 '고통에서 해방되려고' 자살을 하는 사람들도 있다. 극심한 통증을 못 견디고 자살한 위암 환자의 경우가 여기에 속한다. '이렇게 사느니 차라리 죽는 게 낫지.' 하는 심정이다.

그러나 이 모든 경우 자살을 너무 쉽게 선택하는 것이다. 충분히 모든 해결 방법을 검토하지 못하고 극단으로 치닫는 경향이 있다. 우울하고 괴로울 때 인간은 시야가 좁아지고 희망적인 면이 보이지 않게 된다.

"사방의 벽을 다 두드려 보았어요. 그러나 나갈 길이 없어요. 절망이

에요." 그래서 자살밖에 길이 없다고 한다. 그러나 그는 사면만을 보았지 하늘과 땅은 보지 못하고 있다. 성경에도 사울왕의 자살과 가룟 유다의 자살 등이 기록되어 있지만 자살은 그 어떤 것이라도 살인 행위이며, 하나님 앞에서 죄악이다.

헬렌켈러 여사는 '인간은 행복의 문이 닫혀도 다른 문이 열려 있다는 사실을 보지 못하고 닫힌 문만을 두드리며 절망한다.'고 하였다.

정신과 의사나 목회상담자는 우울한 분들의 좁아진 시야를 넓히는데 도움이 될 수가 있다.

가을, 외로우세요?
- '마음 속의 아이'의 홀로서기 -

유난히도 외로움을 못 견디는 처녀가 있었다. 친구와 헤어지고 혼자 남아 있게 되면 외로움이 아프게 파고든다. 황량한 벌판에 버려진 아이의 심정과도 같고, 유원지에서 엄마를 잃고 울부짖는 아이와도 같다. 그래서 그녀에게 혼자 있는 시간은 공포감을 준다. 친구와 대화를 나누다가 자리를 뜰 기미를 보이면 갑자기 당황하고 주의집중이 안된다.

'무슨 구실을 만들어서 친구를 붙들어 둘까.' 오로지 마음은 이 생각에 사로잡힌다. 마침내 헤어질 때도 작별 방식이 특별하다. 예컨대 커피숍에서 헤어진다고 할 때, 친구를 자리에 앉혀 두고 "나 먼저 갈테니까 너는 거기 꼼짝 말고 앉아 있어." 그리고 먼저 나와서 집으로 가버린다. 문 앞에서 나누는 "잘 가거라, 다음에 또 만나자." 식의 헤어짐의 인사를 참을 수 없기 때문이다.

그녀는 외로운 어린 시절을 보냈다. 엄마는 항상 바쁘고 딸에게 무정했다. 혼자 자는 밤이면 장롱 뒤에서 귀신이 나오는 상상 때문에 무서웠다. 그러나 곁에는 도와줄 아무도 없었다. 보호자가 필요한 나이에 그녀는 혼자였다. 외롭고 무서워 떠는 아이, 사랑과 보살핌에 굶주린 아이였다. 그러나 그녀는 공부를 잘했다. 항상 일등만 했고 일류 대학을 졸업했다. 그리고 남들이 부러워하는 직장도 가졌다. 날씬하고 예뻐서 인기도 좋았다. 그런데도 그녀는 항상 외롭고 처절하게 슬프다.

정신분석을 통하여 그녀의 문제가 밝혀졌다. 그녀의 무의식에는 외롭고 슬픈 '마음 속의 아이'(child-within)가 살고 있었다. 이 무의식의 아이는 이미 세상이 바뀌었는데도 자랄줄을 모르고 외로워하고 있었다. 친구와 헤어지는 것을 엄마와 헤어지는 것으로, 혼자 있는 시간을 엄마가 떠나간 빈 방에서 외로웠던 그때로 착각하고 있었다. 외로움을 못 견디는 사람들 중에는 이런 '마음 속의 아이'를 갖고 있는 분들이 많다.

유난히 가을을 타는 사람들이 있다. 가을이 오면 못견디게 외롭고 슬퍼서 통곡이라도 하고 싶은 분들이 있다. 그래서 가을이 두렵다. 그런데 이상하게도 마음 한 편에서는 이런 가을을 그리워 하기도 한다. 인간은 자신의 감정의 톤과 비슷한 계절에 위로를 받기 때문이다. 슬픈 사람들이 슬픈 음악을 듣는 것도 같은 심리이다.

가을은 이별의 계절이다. 나뭇잎은 떨어지고 과일도 나무를 떠난다. 가을은 성숙의 계절이지만 성숙은 이별을 전제로 한다. 아이가 자라면 부모를 떠나야 한다. 부모와의 이별, 그리고 혼자 사는 삶이 어른의 삶이다. 그러나 이별과 외로움은 아프다. 외로워서 자살하는 사람도 있고, 외로운 사람들이 암에도 잘 걸린다. 영장류 중에서 인간처럼 외로움을 아파하는 동물은 없다. 그래서 자라기를 포기하고 유아처럼 사는 노총각, 노처녀들도 있다.

사실 인간실존은 외로운 존재다. 환자들은 죽음 앞에서 절대고독을 맛본다. 말기 암선고를 받은 환자를 괴롭히는 것들 중 하나는 사랑하는 사람들과 이별하는 것이다. '아무도 동반해주는 사람 없이 나 혼자 떠나야 하다니…' 외로움은 공포를 동반하고 엄습해 온다. 그래서 호스피스 케어가 죽어가는 환자들에게 큰 도움이 된다. 주님이 동행하고 계신다는 믿음을 갖게 되면 소망과 기쁨이 생긴다.

죽음 뿐만이 아니고 어차피 인생은 혼자 가는 길이다. 이 사실을 인정하고 혼자서 살아갈 수 있는 사람(ability to be alone)이 건강한 사람이다. 그래서 외로움의 극복법을 이렇게 말할 수 있다. "고독하지 않으려고 도망다니지 말라. 차라리 '인생이 그러려니…' 하고 고독과 직면하라. 그리고 혼자서도 살아갈 수 있는 능력을 기르라." 그리고 키에르케골의 말대로 주님을 영접하는 것이 실존적 고독을 해결하는 유일한 길이다.

탈진 증후군 (burn out syndrome)
- 억지로라도 쉬어라 -

고등학교 3학년 남학생이 정신과를 찾아 왔다. 아무리 책을 읽어도 마음만 앞서 갈 뿐 도무지 머리에 들어오지를 않는다는 것이다. 밤을 새우면서 수십번도 넘게 읽고 또 읽어 보았지만 머리에 남는 것은 아무것도 없었다. 어찌할 바를 몰라 엉엉 울었다. 이 학생은 자존심이 세고 공부 욕심도 많아서 지금까지 성적이 최상위 그룹이었다. 그런데 어느 날 갑자기 의욕이 없어지고 자꾸 피곤해지더니 이렇게 되었다고 했다.

탈진 증후군이었다. 정신에너지를 너무나 과도하게 써버리면 이런 증상이 나타난다. 모든 정신활동에는 에너지가 필요하다. 정신에너지가 공급되어야 공부도 할 수가 있다. 충전 없이 소모만 하면 에너지의 고갈이 온다. 이 상태가 탈진 증후군이다. 얼마 전 젊고 유망한 교수가 자살한 것도 이 증후군 때문이있다고 한다.

나는 학생에게 일단 책을 덮고 일주일만 푹 쉬라고 했다. 영화도 보고 아버지와 여행도 가고, 고기와 야채를 많이 먹으라고 했다. 그리고 잠이 약이니 여덟 시간 이상을 자라고 처방했다. 학생은 '한가롭게 그럴 시간이 없다.'고 난감해 했지만 내 말을 따라 주었다. 3일 만에 학생은 원기가 회복되어 학교로 돌아갔다. 긴장과 휴식은 정신건강에 꼭 필요한 요소이다.

괴로운 공상도 하나의 치료작용이다. '엑소시스트'란 영화는 귀신이 소녀에게 들어가서 사람을 죽이는 처참하고 무시무시한 영화다. 그런데 이 영화는 영화 역사에 기록 될 정도로 엄청난 관객을 불러 모았다.

두려움을 피하는 것이 동물의 본성인데 오히려 두려움 속으로 뛰어드는 심리는 무엇일까? 역공포증(逆恐怖症, counterphobia)이라는 심리가 있다. 두려움을 극복하려고 오히려 두려운 상황에 뛰어드는 심리이다. 귀신을 무서워 하면서도 귀신 이야기를 들으려 하는 심리는 이런 심리이다. 안전 장치가 있는 상황에서 위험을 경험하고 나면, 인간은 두려움을 극복했다는 승리감을 맛본다.

공포영화를 보면서 "저건 영화일 뿐이야. 내 곁에는 관중들도 많고 귀신이 내게 나타날 일은 없어."하고 안심한다. "영화 속의 사람들은 저렇게 위험한데 나는 안전하구나."하는 상대적 안전감도 큰 쾌감을 준다. "나는 두려움을 피해 도망다니는 비겁자가 아니야. 나는 두려움에 적극적으로 대항하는 용감하고 자랑스러운 사람이야."하는 자기 자랑과 위로의 심리도 숨어 있다.

임상적으로 이런 심리는 큰 충격을 받은 환자들(post traumatic stress disorder)이 마음의 충격을 치유하는 과정에서 나타난다. 예컨대 스포츠 머리의 젊은 강도에게 당한 여인이 꿈이나 공상 속에서 스포츠 머리의 남자를 자꾸 보는 것은 상처를 치유하려는 노력이다. 환자들은 괴롭지만 사실은 마음의 치료 작용으로 이해해야 한다.

불안 신경증의 극복은 마음의 이해로
- 불안의 원인을 이해하라 -

40대의 은행가가 심한 불안증에 빠졌다. 초조감으로 잠을 못 자고 안절부절했다. 두려움으로 숨이 막힐 지경이었다. 교통사고로 어깨뼈가 부러져서 정형외과에 입원 중이었다. 의사가 수면제를 처방했으나 몸만 나른해질 뿐 잠은 안왔다. 안정제 바리움을 정맥주사했다. 주사 바늘을 빼자마자 환자가 벌떡 일어서더니 침대 위에서 뛰며 고함을 지르고 창문으로 뛰어내리려 했다. 가족들은 당황했고 의사들은 예기치 않은 약물 반응에 놀랐다.

내가 병실에 도착했을 때 환자는 어느 정도 진정되어 침대에 누워 있었다. 자신의 행동을 전혀 기억을 못했다. 환자의 불안은 죽음에 대한 공포 때문이었다. 지난 두세 달 동안에 아파트의 자기 동에서 두 사람이 갑자기 죽었는데 이상하게도 둘 다 은행가였다.

"이 아파트에서는 은행원들만 죽어 나간다니까." 어느 날 출근길에 관리실에서 새어나오는 소리를 들었다. 섬뜩했다. 그도 그럴 것이 그 아파트에서 살아 남은 은행원은 자신 뿐이었다. 불안하던 차에 교통사고를 당했고 죽을 뻔 했다. "올 것이 왔구나." 교통사고를 자신의 죽음에 대한 예고로 해석하였다.

나는 그에게 불안의 원인을 설명해 주었다. 그는 깊이 공감했다. 그리고 수면제 한 알을 처방해 주었다. 다음 날 아침 그는 딴 사람처럼 안정되고 밝아져 있었다. 입원 후 처음으로 숙면을 했다고 기뻐하며 "선생님, 거 무슨 약이 그렇게 좋다요."하며 감탄했다. 그러나 약의 효과라기보다는 심리적 효과였다. 그 약은 전에도 그에게 처방되었던 약이었다.

불안은 원인을 이해해야 극복할 수 있다. 물론 죽음 같은 실존적 불안에 대한 궁극적 해답은 하나님만이 주실 수 있는 것이다.

제 3 부
색안경을 벗어라

맑고 투명한 안경을 쓰면 사물과 자신이 현실 그대로 보인다.
그러나 색안경을 쓰게 되면 사물은 안경 색깔대로 채색되어 보이게 된다.

자연 치유력
- 마음이 병을 치유한다 -

1950년대에 있었던 일이다. 클로퍼 박사는 '크레비오젠'이라는 항암제를 개발하였다. 이 약은 암에 잘듣는 약이라고 전국적인 관심을 모으고 있었지만 사실은 효과가 없는 약이었다.

박사의 환자 가운데 비행사가 있었다. 악성 임파종 환자였다. 호흡곤란이 와서 산소 마스크를 쓰고 있었고, 가슴에 물이 차서 2, 3일마다 물을 빼 주어야 했다. 환자는 클로퍼 박사에게 크레비오젠을 투여해달라고 애원했다. 그의 간청대로 약을 투여하자 극적인 효과가 나타났다. 단시간 내에 종양의 크기가 줄어 들었고 마침내 환자는 비행사로서 정상적인 생활로 돌아갈 수 있게 되었다.

그러나 크레비오젠의 약효를 부정하는 보고가 FDA와 미국 의학협회에서 나오자 놀랍게도 환자의 증상이 다시 악화되기 시작했다. 클로퍼 박사는 특수한 상황임을 알고 '프라세보'를 사용하기로 했다. 즉 증류수를 주사하면서, 지금까지 써왔던 크레비오젠보다 두 배의 효과가 있는 새 항암제라고 말해 주었다. 증류수를 투여했음에도 불구하고 그 효과는 놀라운 것이었다. 환자의 증상은 다시 호전되기 시작했고, 종양은 줄어 들었고, 흉수(胸水)도 없어져서 마침내는 다시 퇴원하여 정상 생활로 돌아갔다. 환자의 믿음이 약물의 실제적인 효과와는 아무런 상관도 없이 병을 회복시키고 있었다.

그러나 마침내 크레비오젠의 항암 효과에 대하여 권위 있는 미국 의학협회와 FDA가 결정적으로 '효과 전혀 없음'을 발표했다. 수일 후 환자의 상태는 다시 악화되어 사망해버렸다.

   의학 잡지에 소개된 클로퍼 박사의 이 보고는 하나님이 주신 '자유 치유력'이 얼마나 강력한 것인가를 보여준다. 이 치유력은 마음에서 나온다. 성경 잠언에는 이런 말씀이 있다. "사람의 심령은 그 병을 능히 이기려니와 심령이 상하면 그것을 누가 일으키겠느냐"(잠 18:14) 믿음, 희망, 사랑은 자연 치유력을 높여 준다.

자기 감정이 받아들여지는 자의 행복
- 하나님께 투정부린 요나 -

아이가 두세 살이 되어 제 마음대로 돌아다닐 수 있게 되면 엄마와 충돌이 시작된다. 엄마가 아끼는 그릇을 만지려고 하고 엄마를 제 곁에 붙들어 두려고 고집을 피우기도 한다. 엄마가 제 말을 안들어 주면 화를 내고 엄마를 공격한다. "엄마 미워", "엄마 싫어". 울고 떼쓰고 엄마를 때리기도 한다. 이럴 때 대개의 엄마들은 "우리 새끼가 화났구나." 하며 아이를 안아주고 달래준다.

그러나 어떤 엄마들은 아이의 투정과 공격을 받아들이지 못한다. 마음으로부터 화가 난다. 말도 안되는 줄 알지마는 아이에게 무시당한 심정이 된다. 이런 어머니가 문제 어머니다. 이런 어머니의 아이는 성격에 문제가 생긴다. 자신의 감정을 솔직하게 표현할 때마다 어머니의 차가운 보복을 경험한 아이는 이런 위험을 피하는 법을 습득한다. 공격심은 숨기고 어머니에게 웃는 얼굴만을 보이려고 한다. 감정의 위장술을 배우는 것이다.

위니코트라는 영국의 정신분석가는 이것을 거짓 자아(false self)라고 불렀다. 남의 눈치만 보고 정직하게 자신을 드러내지 못하는 사람이 된다. 성장 후에는 대인관계에서 항상 웃는 얼굴을 지어 보이지만 내면의 분노는 풀 길을 잃은 채 억압되어 소위 신경성인 병을 만들기도 한다. 이런 성격의 사람들은 내면의 분노를 타인에게 투사하는데, 그렇게 되면 그 타인은 나를 물어 뜯으려는 적으로 보인다. 더욱 자신을 방어해 보지만 불행한 삶을 살게 된다. 이런 사람은 자신의 감정을 솔직하게 표현해도 보복당하지 않는 경험을 해 볼 필요가 있다.

　요나서를 보면 감히 하나님께 투정을 부리며 화를 내는 요나 선지자를 볼 수 있다. 그는 유대 민족의 적국인 사악한 민족 니느웨가 멸망하기를 원했다. 그러나 사랑의 하나님은 요나의 생각과 달랐다. 니느웨를 용서하시는 하나님에게 그는 화가 났다(욘 4:1). 마치 어린아이가 제 행동을 말리는 어머니에게 투정하고 대들듯이 요나 선지는 자신의 분노를 드러내놓고 표출한다. 왜 그렇게 화를 내느냐고 물으시는 하나님에게 죽고 싶을만큼 화가 난다고 응답한다(욘 4:1~9). 어쩌면 이렇게 용감할 수가 있을까? 감히 하나님 앞에서 자기 분노를 드러내다니….

　여기서 나는 요나 선지와 하나님 사이에 흐르고 있는 부러울만큼 강력한 신뢰의 관계를 본다. 어머니의 사랑을 믿고 안심하는 아이만이 자기 분노를 터뜨릴 수가 있다. 눈치 보고 슬슬 피하며 위장된 감정으로 엄마를 속일 필요가 없는 것이다. 요나 선지는 하나님의 사랑을 알고(욘 4:2) 안심하고 있었다.

　예전 어머니들의 소망은 오직 자식 잘되는 것 뿐이었다. 그러나 요즘 어머니들은 바쁘다. 어머니들은 개인적으로 포기하기 어려운 야망도 가지고 있다. 그래서 마음 빼앗기는 일도 많고 좌절감도 많다. 그래도 아이의 분노와 공격을 포용할 만한 마음의 여유를 잃어서는 안된다. 이것은 아이의 인생에 대한 죄악이기 때문이다.

멋있는 사람
- 추운 겨울, 장갑을 벗어 준 장교 -

며칠 전에 패션디자이너인 아내에게서 '멋'에 대한 이야기를 들었다. 아무리 비싼 옷을 걸치고 화려한 옷, 보석과 악세사리를 해도 멋지지 않고 천박해 보이는 사람이 있는가 하면 검소하지만 고상한 인격이 드러나는 옷차림이 있는데 '멋'은 여기서 풍겨 나온다고 한다.

그말을 들으면서 '멋있는 옷차림' 말고 '멋있는 사람'은 어떤 사람일까? 생각해 보았다. 그러고 보니 내가 군의관이 되기 위해 3사관학교에서 훈련받을 때에 만난 중위 한 분을 잊을 수가 없다.

지독하게 추운 날이었다. 얼마나 추운지 잠시만 가만히 서 있어도 몸이 굳어지고 동상이 걸릴 정도였다. 사격장으로 가는데 군의 후보생 한 사람이 장갑을 방에 두고 왔었다. 큰일이다. 이 추위에 장갑 없이 하루 종일 어떻게 견딜 수 있을까? 더구나 군에서는 호주머니에 손을 넣을 수도 없다. 이 친구는 사색이 되었다. 그러나 다시 내무반에 돌아갈 수도 없었다. 그렇게 행군하는 중에 우리 구대장인 중위가 장갑을 끼지 않은 이 친구를 발견했다. 중위는 그 자리에서 자기 장갑을 벗어 후보생에게 주고 그 자리를 떠났다.

그후 나는 하루종일 유심히 그 장교를 살폈다. 그는 손이 시리면 손을 부비고 주먹을 쥐었다 폈다 하면서 손시려움과 싸우고 있었다. 훈련을 마치고 저녁에 귀대하여 후보생이 장갑을 돌려드렸다. 구대장은 아무일도 없었다는 듯이 장갑을 돌려 받았다. 구대장의 나이는 20대 초반으로 후보생보다 더 어렸지만 그 행동의 의젓함이란 지휘관다운 위엄이 느껴졌다.

　이것이 진짜 장교의 모습이었다. 멋진 지휘관이었다. 세상에는 이상하고 이기적이고 공명심에 빠진 장군들도 많다. 그러나 나는 그 찬란한 별들보다 이 분의 중위 계급장이 더 귀하고 멋있게 기억된다. 이것이 '속멋'이다. 아무리 둘러 보아도 희생의 멋보다 더 감동적인 것은 없다.

　예수님은 섬기려 세상에 오셨다고 하셨고 그렇게 사셨다. 그래서 러시아의 문호 도스토예프스키는 '예수님처럼 아름다운 분은 없다.'고 고백했다. 청십자 운동의 장기려 박사님은 예수님처럼 섬기는 삶을 좌우명으로 일생을 살고자 했다고 쓰셨다. 멋있는 분들이다.

　나 자신은 이런 분들처럼 멋있게 살고 싶은 소원만 있을뿐 아직도 멀었다. 그러나 생애 중에 이런 분들을 만날 수 있다는 것은 하나님의 축복이다.

모세는 수인성 전염 경로를 알았다?
- 수인성 전염병 예방엔 물을 끓여 먹는 게 최고! -

　수해지역에 수인성 전염병이 번질까 걱정이다. 수인성 전염병이란 세균으로 오염된 물을 마실 때 전염되는 병이다. 이 세균은 대변 속에 있던 것들이 마실 물에 흘러 들어간 것이다. 그러나 물을 끓여 먹기만 하면 예방이 된다. 그리고 대변 처리를 잘해야 한다.
　인도는 지금도 콜레라로 연간 수천명씩 죽는다고 한다. 집안에 변이 노출된 변소가 있고, 대변이 흘러 들어간 간지스 강물을 먹기 때문이다. 그러나 광야의 이스라엘 백성이 수인성 전염병에 걸렸다는 기록은 없다. 집단생활을 한 그들에게 전염병이 발생했다면 멸종은 시간 문제였을 것이다. 신명기를 보면 하나님이 이들에게 완벽한 예방법을 가르쳐 주셨다.
　"너의 진 밖에 변소를 베풀고 그리로 나가되, 너의 기구에 작은 삽을 더하여 밖에 나가서 대변을 통할 때에 그것으로 땅을 팔 것이요 몸을 돌이켜 그 배설물을 덮을지니(신명기 23:12~13)"
　변소를 진 밖에 둘 것, 땅을 팔 작은 삽을 준비할 것, 그리고 변을 묻을 때 몸을 돌려서 하라는 자세한 명령은 수인성 전염병의 전염 경로를 잘 아는 분만이 하실 수 있는 명령이다. 인류가 전염병의 경로를 안 것은 불과 100년 전의 일이다. 수천년 전의 모세가 이것을 알 리가 없는데 신기한 일이다.

부모들이여, '이중 구속'을 피하라
- 쉽고 분명하게 말하라 -

한 어머니가 아들에게 말했다. "얘야, 창문 좀 열어주렴." 아들은 한참을 망설이더니 창가로 갔다. 창문을 막 열려는 순간, 어머니가 다시 말했다. "아니, 됐다. 그만두어라." 아들은 창문을 잡은 채 서 있었다. 막 돌아서는 아들에게 어머니가 말했다. "아니, 반만 열어라." 아들은 혼란에 빠졌다.

이런 상황에서 정신이 건강한 아이들은 화를 내며 항의한다. "엄마, 도대체 어쩌라는 말씀이예요. 제발 사람을 복잡하게 만들지 마세요." 그러나 이 아들은 정신을 다른 곳에 둔 사람처럼 멍하니 서 있었다. 사실은 이미 정신분열증에 걸려 있었다. 이런 복잡한 엄마가 자식을 정신분열증 환자로 만든다.

조지 베트슨이라는 인류학사는 이런 식의 의사소통을 '이중 구속(double bind transaction)'이라고 불렀다. '이랬다 저랬다' 하는 식이다. 그는 정신분열증 환자의 가족들이 이런 식의 애매한 말로 자식들을 복잡하게 만들더라고 했다. 어린 아들의 입장에서는 어머니의 의도가 무언지 분별하기 어렵다. '문을 열라'고 하시지만 엄마의 진짜 의도는 번번히 그것이 아니었기 때문이다. 이런 아이들은 판단력이 약하고 혼란에 잘 빠진다. 이것이 심해지면 정신분열증이 된다. 좋은 엄마는 쉽고 분명하게 말한다. 좋은 엄마의 자식들은 건강하고 공부도 잘한다.

마음 고통 치료하기
- 다시 찾은 요셉이의 웃음 -

요셉이는 여섯 살이다. 엄마를 따라 불란서에 올 때는 행복했었다. 무엇보다도 어릴 때 헤어진 아빠를 만날 수 있다는 것이 즐거웠다. 그러나 막상 유치원에 다니면서 괴로움이 시작되었다. 불란서 아이들은 말이 서툰 요셉이를 놀리고 같이 놀아주지도 않았다. 점점 요셉이는 침울해지고, 밥도 잘 안 먹고 말 수도 적어졌다. 유치원에도 안 가려 했다. 이역만리에서 어린 아들의 이런 모습을 보는 엄마의 마음도 말할 수 없이 괴로웠다고 한다. 그렇다고 특별한 처방이 있는 것도 아니었다.

그러던 어느 날 유치원에서 돌아온 요셉이가 명랑해졌다. 목소리는 다시 커졌고 웃음도 회복되었다. 기쁘고 신기해서 엄마가 물어 보았다. "유치원에서 무슨 좋은 일이 있었니?", "엄마, 예수님이 내 슬픈 마음을 아시고 친구를 보내 주셨어요." 요셉이의 마음이 회복된 것은 친구 때문이었다. 다정했던 친구가 전학을 왔고 그것도 요셉이의 반에 편입되었던 것이다. 물론 아빠의 숨은 노력이 있었지만 어린 요셉이의 우울증은 치유되었다.

요셉이에게는 친구가 약이었다. 요셉이의 얘기를 들으면서 인간정신의 치료에 대해서 다시 한번 생각하게 되었다. 노이로제, 우울증, 정신분열증 환자들의 마음 고통은 어린 요셉이의 그것과 아주 닮았다. 소외감과 열등감, 뼈를 깎는 것 같은 고독감, 사람에 대한 그리움, 참아야만 되는 분노와 복수심, 배신감, 수치심…. 이런 마음의 고통들이 정신질환을 일으킨다. 무엇으로 이런 상처를 치료할 수 있을까? 이것이 정신의학의 숙제다. 슬픈 요셉이에게 친구가 약이 되었던 것처럼 요셉이의 친구 같은 인간을 만나는 것이 치유의 길이 아닐까?

음식을 거부하고 통나무처럼 누워 있는 40대의 정신분열증 환자가 있었다. 같은 병동에 자신감을 잃고 인생의 무의미성 때문에 괴로워 하는 재수생이 함께 입원하고 있었다. 김성희 교수님(전남의대 정신과를 창설한 한국 최초의 정신분석가)께서 재수생에게 제안을 하셨다. "저분은 사람에 대한 두려움 때문에 저렇게 방에만 누워 있고 음식도 거부하고 계신다. 네가 성의를 가지고 저분을 대하면 혹 네 정성이 저분의 마음에 전달되어 음식을 자실지도 모르겠다. 해볼 마음이 있느냐."

그날부터 재수생은 정성을 다해서 식사를 권했다. 하루종일 곁에 앉아 음식을 권했으나 거절당했다. 그러나 포기하지 않고 끼니 때마다 새로운 식사를 타다가 또 권하고 또 권했다. 수일 후 기적처럼 환자가 입을 벌려 재수생의 수저를 받았다. 그후 환자는 극적으로 회복되었고 재수생 또한 자신감이 회복되어 퇴원했다.

필자가 정신과 환자와 생활한지 24년이 되었다. 세월이 흐를수록 내 생각은 한 가지로 모아진다. '마음의 고통은 정성 있는 마음을 만났을 때 치료된다.'

은혜를 아는 사람들이 만드는 건강한 사회
- 자기의 생명을 건 트럭 운전사 -

내가 아는 교수님이 차에 가족들을 태우고 시골길을 달리고 있었다. 피곤하여 깜박 졸았나 보다. 문득 눈을 떴을 때 덤프트럭이 시야에 가득히 들어왔다. 졸다가 중앙선을 넘었던 것이다. '죽었구나.' 어찌할 바를 모르고 당황하고 있는 순간 달려오던 트럭이 방향을 바꾸어 논으로 곤두박질을 치고 뒤집혔다. 망연자실하여 서 있는 교수님에게, 전복된 트럭에서 빠져나온 젊은 운전사는 "가족들이 타고 계신 것 같아서 핸들을 꺾었습니다."라고 말했단다.

누군들 생명이 아깝지 않을까. 더구나 중앙선을 침범하여 달려드는 작은 승용차를 트럭이 그대로 밀어버린다고 해도 그에게 책임을 물을 사람은 없었을 것이다. 그런데도 고마운 트럭 운전사는 자신이 죽을지도 모르는 위험부담을 안고 순간적으로 핸들을 꺾었다. 이쪽은 홀몸이고, 저쪽은 가족들이 타고 있기 때문이라는 고마운 이유 때문이었다. 그 후 교수님은, 사람들이 혹시 트럭 운전사들을 비난하는 말을 해도 자기는 절대로 그들을 욕하지 않는다고 했다. 그는 사랑의 빚을 진 자였다.

이 이야기를 듣고 나는 가슴이 뭉클해지는 감동을 받았다. 살아온 인생을 돌이켜 보면 인간은 누구나 다른 사람의 은혜를 입고 살고 있다. 지식이 많은 그 교수님은 그보다 어리고 지식이 적은 운전사의 은혜를 입었다. 그리고 고마운 마음을 평생 간직하며 산다. 살다가 섭섭한 행동을 하는 어떤 트럭 운전사를 만나더라도, 과거의 트럭 운전사를 생각하여 너그럽게 용서할 수 있을 것이다. 인간사회의 심층을 자세히 들여다 보면 이런 사랑과 희생의 사건들이 사회 구조의 골격을 유지시켜주고 있는 것을 볼 수 있다. 그러므로 이런 인간존중과 사랑이 살아 있는 사회는 건강하다. 정신질환의 발생도 적고, 혹 환자가 발생해도 치료가 잘 된다. 고마운 사람들과 은혜를 아는 사람들이 만드는 사회가 건강한 사회다.

'사람이 친구를 위하여 자기 목숨을 버리면 이에서 더 큰 사랑이 없나니…' (요 15:13) 예수님은 당신의 말씀대로 목숨을 걸고 인간을 사랑하셨다. 그 분의 제자들인 크리스천들에게 이 사회는 고마운 트럭 운전기사의 모습을 기대한다.

마음을 움직이는 설교
- 수련회에 좋은 강사를… -

수줍음 많고, 소극적인 대학생이 있었다. 가정 형편도 어려워서 고학을 하고 있었다. 잘 사는 사람들이 부럽다 못해 화가 났다. 염세주의자 쇼펜하우어의 책에 심취했다. 인생은 어둡고 허무함 뿐이었다. '왜 이 고생을 하면서 살아야 되는지' 알 수가 없었다.

고향 선배의 간곡한 권유를 받고 대학생 수련회에 참석했다. 내키지 않는 일이기도 했지만, 어색하고 불편했다. 무언가에 도취되어 있는듯 찬송을 부르며 열광하는 회원들에게 이질감을 느꼈다. 그냥 산을 내려오고 싶었지만 친절하게 살펴 주는 선배에게 미안하기도 했고, 포기하지 못할 무언가가 거기에 있어서 그를 붙들었다.

그러다가 어느 날 강사님의 설교를 들으면서 자신의 모습을 발견했다. 허무와 절망감으로 비참해진 자신을 보고 많이 울었다. 그리고 예수님을 개인적으로 영접하게 되었다. 마음은 밝아졌고 살아야 할 이유를 찾았다. 그 후 그는 주님과의 은밀하고도 행복한 교제를 가지며 살아 왔다. 지금 그는 일생을 주님께 헌신하며 살고 있는 장로님이 되었다. 학문의 세계에서도 인정 받는 교수가 되었다. 주님의 은혜라고 주님을 자랑한다.

젊은 날에 주어지는 한 번의 기회가 한 사람의 일생을 바꾸어 놓을 수가 있다. 젊은 요한이 예수님을 만나서 사도 요한이 되었다. 마음이 준비되어 있는 젊은이에게 주어지는 한 번의 설교, 한 권의 책은 위대한 치유와 교육의 효과를 나타낸다. 교육하는 사람들이 신나는 이유가 여기에 있기도 하다.

요즈음 교회의 수련회 시즌이다. 험하고 유혹 많은 요즘 세상에 수련회에 참석하여 진지하게 말씀을 듣는 학생들을 보면 얼마나 귀하고 예뻐 보이는지 안아주고 싶을 정도다.

한 가지 제언을 하고 싶다. 강사의 선택이다. 최고의 강사를 섭외해 주기를 바란다. 어떤 강사가 최고의 강사인가는 논외로 하고 담임목사님이나 담당자들이 마음을 넓혀서 우리의 청소년들에게 일생일대의 최고의 선물을 준다는 마음으로 예산을 배정하고, 강사를 섭외하시기 바란다.

사람의 일생에서 무엇보다 중요한 것은 예수님과의 만남이고, 젊은 날에 이 분을 만나게 해주는 좋은 선생님을 만난 사람들은 축복 받은 사람들이다.

우울증에는 새벽운동을…
- 새벽운동, 우울증의 탈출 기회 -

50대의 남자분이 정신과를 찾아왔다. 부자이고 큰 업체를 갖고 있는 분이었다. 그러나 의욕이 없고 세상 사는 재미가 아무 것도 없다고 했다. 불면증도 심했다. 위장이 늘 쓰리고 아파서 "위암이 아닐까?" 염려를 하고 있었다. 위 내시경 검사 결과는 정상이었지만 믿어지지가 않았다. 혀와 입안이 온통 헐고 쓰린 것도 고통스러웠다. 치과에서는 '신경성'이라고만 했다.

가장 괴로운 시간은 새벽에 눈이 떠졌을 때부터 날이 샐 때까지였다. 알 수 없는 우울과 불안, 초조감이 밀려와서 죽고 싶을 때가 한두 번이 아니라고 했다. 중년기 우울증이었다. 이런 생활을 벌써 수년 간 해왔지만 백약이 무효였다. 절망감에 빠져있는 이분에게 나는 새벽운동을 권했다. 새벽에 눈을 뜨자마자 옷을 차려입고 산책을 떠나시라고 했다. 기분과 상의하지 말 것을 강조했다. 즉, 외출할 기분이 아닐 때라도 일단 외출을 시도하라는 것이다.

이분은 의지가 강한 분이었다. 비가 오나 눈이 오나 새벽운동을 계속했다. 새벽시간의 초조감이 사라졌다. 등산 친구들도 생겼다. 수면제 없이도 잠을 잘 수 있게 되었다. 음식 맛도 돌아 왔다. 인간은 새벽시간에 체온이 가장 낮다. 그리고 우울증에 빠진 분들은 새벽 2시부터 날이 밝을 때까지 절망적인 상상에 시달린다. 고문을 당하는 시간이다. 그래서 이 시간에 자살하는 분들이 많다. 새벽운동은 탈출의 기회를 준다. 예수 믿는 분들에게는 새벽기도회를 규칙적으로 나가시게 하였는데, 우울증 치료에 효과적이었다.

가난은 마음가난이 문제다
- 마음 가난 속의 빈곤망상증 -

한 할머니가 빈곤망상이 심하여 입원했다. "우리 집은 망했다. 모두 굶어 죽을 것인데 어쩔거나!" 밤새 잠을 못 주무시고 걱정만 하셨다. 절약하기 위해서 식사도 거부하시고 방에 불도 못 켜게 하셨다. 그러나 사실은 재산이 꽤 많은 분이었고 자식들 교육도 잘 시킨 복 많은 할머니였다. 보다 못한 아드님이 쌀 수십 가마니를 사서 광에 쌓아 놓고 어머니를 안심시켜 드렸다. 그러나 그날 밤 어머니의 신음하듯 걱정하는 소리가 다시 들렸다. "먹을 것이 없어서 어쩔거나." 놀란 아들이 "어머니 광에 쌀이 가득한데요."라고 위로했으나 어머니는 우시면서 "그것 다 먹고 떨어지면 어쩔거나."하셨다. 그래서 아들이 어머니를 정신과에 모시고 왔다. 할머니는 노인성 우울증이었고 현재 잘 치료되어 퇴원했다.

요즈음 기난과 파산을 지나치게 걱정하는 분들이 많다. 물론 주변에 부도와 도산, 실직의 소식들이 많고 최악의 경제지표가 우리를 불안하게 하는 것도 사실이다. 그러나 인간의 불안은 실재보다 과장된 것이 많다. 어떤 심리학자의 보고에 의하면 인간의 걱정은 90퍼센트 이상이 마음에서 키운 것들이고 정말 걱정할 것은 불과 4퍼센트에 불과하다고 한다. 빈곤망상증은 환자들만 가지고 있는 것이 아니다. 정도의 차이가 있을 뿐 우리들도 이 할머니 환자 같은 걱정을 하고 있을 수 있다. 그래서 가난은 물질가난보다는 마음가난이 문제다.

사모님만의 시간 갖기
- 목사 사모님들의 정신건강을 위한 제언 -

심한 우울증에 빠진 젊은 사모님이 있었다. 가슴은 절망감으로 답답하고 잠을 이룰 수가 없다고 했다. 영적으로 나약한 자신을 교인들이 모두 손가락질하고 흉보는 것 같아서 외출도 할 수가 없었다. 정신과 의사의 입장에서 볼 때 한국 교회의 큰 과제 중의 하나는 사모님들의 정신건강인 것 같다. 교인들은 성녀처럼 성숙한 인격을 강요하고, 사모님 자신들도 자신에게 무리한 요구를 할 뿐 아니라, 자책과 좌절감으로 깊은 우울증에 빠지곤 한다.

외람되지만 몇 가지 제안을 하고자 한다. 첫째, 교인들은 한 사람의 여인으로 사모님을 이해해야 한다. 성자에게나 요구해야 할 것을 강요하지 말아야 한다. 사모님을 위한다고 하면서 뒷전에 굴러 다니는 나쁜 소문들을 주워다가 드리지 말아야 한다. 진원지도 없는 이 소문은 그 유독성이 지독하여 사모님들을 병들게 한다.

둘째, 목사님들은 사모님들에게 시간을 내주셔야겠다. 목사님들 중에는 가족과 함께 보내는 시간에 대해 죄악감을 갖는 분들이 있다. 그러나 가정도 역시 중요한 사역지이며 좋은 남편, 좋은 아버지가 되는 것은 빼놓을 수 없는 인생의 의무라고 본다. 최소한 한 달에 한두 번은 가족과 함께 외식을 하는 것도 좋겠다.

셋째, 사모님들은 같은 입장에 있는 다른 사모님들과 모임을 가지실 것을 권한다. 가능하다면 부부 모임을 기도원이나 호텔에서 갖고, 밤을 새우며 서로의 문제들을 나누는 것이 좋다. 또 믿을 만한 다른 사모님을 전화로 불러내어 맘 속의 아픔을 털어놓는 것도 좋다. 이때 유의할 것은 남의 말을 경청해주는 사람을 선택할 것이지, 비판적이고 자기 꾸밈이 많은 분과의 대화는 감정의 찌꺼기를 남긴다는 것이다.

넷째, 자학적이 되지 말아야 한다. 참아야 된다면 왜 참아야 하는지 납득한 다음에 참아야 된다. "모두가 내 탓이야. 나는 믿음이 없어. 나는 성질이 못돼 먹었어. 사모 자격이 없어." 이렇게 문제의 핵심을 애매하게 해놓고 자학만 하는 것도 병이다. 다섯째, 사모님 곁에는 하나님께서 형제보다, 남편보다 더 가까이 계신다는 사실 때문에 위로를 받으시기 바란다. 주님은 우리의 목자시고 문제의 해결자이시다(시 23편). 기도는 영저인 처방이 된다

엄마의 심장 박동 소리
- 아이는 엄마의 품으로… -

요즈음 종합병원 산부인과에서는 산모가 분만을 하면 갓난아기를 곧 딴 방(신생아실)으로 데려간다. 산모들이 유리창 너머로 아기를 면회(?)하고 있는 것을 흔히 볼 수 있다. 그러나 이것은 대단히 어색하고 잘못된 의료행위이다. 세상 모든 동물들이 태어나면 곧 엄마 품에 안겨 보호 받는다. 엄마의 품이 아기가 있을 터전이기 때문이다. 엄마의 품안에 있는 아기는 폭탄이 터져도 새근새근 안심하고 잠잘 수 있다. 있어야 될 자기 자리를 확보했기 때문이다. 그런데 유독 인간의 아기들만은 어른들의 편의에 의해서 자기 터전을 잃고 말았다.

일생 중 가장 엄마가 필요한 시기에 인위적으로 엄마를 잃고 고아원 생활(?)을 강요받는다. 아기들은 10개월 간 엄마의 뱃속에 자리 잡고 엄마의 심장 박동 소리를 매일 들으며 살아 왔다. 그래서 갓 태어난 아기는 익숙하게 들어온 엄마의 심장 박동을 들을 때 가장 안심이 된다. 이에 대한 흥미 있는 관찰이 있다. 새끼를 안고 있는 엄마 원숭이 40마리 중 39마리가 왼쪽으로 새끼를 안고 있었다. 인간의 엄마들도 아기를 안고 있는 시간의 78퍼센트를 왼쪽으로 안고 있었다. 왼손잡이 엄마도 마찬가지였다. 또 아기 예수를 안고 있는 성모 마리아 상을 살펴보면 대부분의 그림이 마리아가 아기 예수를 왼쪽으로 안고 있다. 엄마의 왼쪽 가슴에 심장이 있다. 아기는 불안한 세상에서 엄마의 심장 박동음을 통해서 자기 터전을 확인하고 위로를 받는 것이라고 학자들은 해석한다.

갓난 아기는 낳는 순간부터 엄마가 안고 있어야 한다. 이렇게 해야 엄마와 아기의 관계도 좋다. 아기는 안심이 되고 인격도 안정감을 가지고 자랄 수 있다. 시장에서 엄마를 잃은 아이가 울부짖으며 엄마를 찾는 것을 보았을 것이다. 우리가 어릴 때, 학교에서 돌아왔을 때 집에 엄마가 안계시면 얼마나 허전하고 불안했던가 기억을 더듬어 보자. 밀림 속이라면 엄마를 잃은 아이는 어떤 동물의 밥이 될지 모른다. 인간만큼 의존 기간이 긴 동물이 없다. 그만큼 보호자가 절실히 요구되는 존재라고 볼 수 있다. 그래서 갓 태어난 인간의 아기는 어느 동물보다도 더욱 엄마의 품이 필요하다.

서구라파의 산부인과에서는 수년 전부터 신생아를 격리시키는 것을 폐지하고 있다. 전통적인 우리의 어머니들이 우리를 낳은 뒤에 곧 품에 안고 젖을 주셨던 것처럼 의학에서는 그렇게하는 것이 가장 과학적이라고 주장하고 있다. 하나님의 창조의 질서로 돌아가는 것이 가장 과학적인 것이다.

자녀를 가슴에 품기
- 자녀를 노엽게 하지 말라 -

엑슬린이라는 놀이 치료자가 쓴 '자기를 찾은 아이 딥스'라는 책이 있다.

딥스는 명문 가정에서 태어났다. 그런데 초등학생인 딥스는 이상한 행동을 한다. 수업시간에 꽥꽥 고함을 지르고, 땅바닥을 기어다니고, 선생님과 시선을 마주치지 못하고, 친구들과 어울리지도 못한다. 고집이 세다. 담임 선생님은 딥스가 지능이 부족하다고 보았다. '엑슬린'에게 의뢰되어 놀이치료가 시작되었다. 놀이치료란 소아정신과에서 하는 치료로서, 아이와 함께 놀면서 아이의 심정을 이해하고 억눌린 감정을 발산하게도 하여 치료하는 치료법이다.

딥스가 태어나자 어머니는 하고싶은 의사 생활을 계속할 수 없게 되었다. 자기 인생의 장애물인 딥스가 미웠다. 아버지는 딥스의 특이한 외모와 행동 때문에 딥스를 미워했다. 그래서 아버지는 딥스가 두세 살 때부터 작은 실수를 해도 어두운 다락방에 가두어 버렸고, 아무리 울부짖어도 열어주지 않았다. 이런 냉대 속에서 딥스가 그나마 정신 건강을 유지할 수 있었던 것은 무식하지만 따뜻한 정원사가 있었기 때문이었다. 그런데 어느 날 아버지는 정원사를 사소한 잘못을 이유로 쫓아내 버렸다. 이 일로 딥스의 상태는 더욱 악화되었다.

놀이치료가 진행되면서 딥스의 숨겨진 분노가 터져나오기 시작했다. 처음에는 조심스럽게, 그러나 점점 직접적인 표현으로 나타났다. 예컨대, 모래성을 만들고 깊은 방 속에 '아버지 인형'을 가둔다. 갑자기 난폭하게 이 모래성을 무너뜨린다. '아버지 인형'이 갇힌 그 모래성 위로 어린 딥스는 모래를 계속해서 쏟아 붓는다. 딥스는 사나워지며 외친다. "다시는 나올 수 없어! 내보내 주지 않을거야." 아버지에 대한 억눌린 분노가 이렇게 표현되고 있었다. 그러나 분노가 발산되고 난 후부터 딥스의 상태는 호전되기 시작했다. 치료가 된 뒤에 보니 딥스는 천재였다.

많은 부모들이 자녀를 노엽게 하여 정신적으로 병들게 하고 있다. 분노는 우울증과 자살의 원인이 되기도 한다. 엄마에게 야단맞은 아이가 화가 나서 제 머리를 벽에 박는 것을 볼 수 있다. 엄마에 대한 분노가 방향을 바꾸어 자기 자신에게 쏟아진 것이다. 무엇이 아이를 노엽게 할까? 부모가 어린 '저'를 버렸다고 느낄 때 아이는 슬프고 노엽다. 이 노여움이 해결되지 않은 채로 무의식에 잠재해 있으면 우울한 성격이 되어 대인관계를 어렵게 만든다.

심한 우울증으로 입원한 여자 환자가 있었다. 자살을 계획하고 있었다. 훌륭한 교육도 받았고 매력적인 외모로 인기도 있었지만, 이 모든 것이 그녀에게는 무의미한 것이었다. 그녀를 지배하고 있었던 가장 강력한 감정은 증오심이었다. "어머니가 미워요. 너무너무 미워서 견딜 수가 없어요. 하는 짓마다 눈에 거슬리고 화가 폭발하고 충돌하게 돼요. 이러다가 무슨 일을 저지를 것 같아서 불안해요." 그러나 실제의 어머니가 그렇게 악한 분은 아니라고 했다. 어머니에 대한 이런 감정은 심한 죄책감을 불러 일으켜서 그녀를 더욱 불안하고 우울하게 하고 있었다.

이 분노의 근원은 어린 시절의 아픈 경험에 있었다. 아버지는 공무원이셨고, 지방으로 전근이 잦았다. 어머니는 아이들을 모두 데리고 아버지를 따라 다닐 수가 없었다. 시골 큰집에 제일 큰아이인 이 환자를 떼어 보내 버렸다. 어린 그녀는 엄마가 보고 싶어서 할머니 몰래 이불 속에서 울었다. 황혼에는 동구 밖에 나가 어두워 질 때까지 읍내에서 들어오는 길을 지키고 서 있었다. 그러나 막상 엄마가 오시면, 마음과는 달리, 왠지 엄마에게 접근 할 수 없어서 기둥 뒤로 멀찍이 숨어 있었다. 이런 그녀를 엄마는, 아이가 엄마 없이도 잘 지내고 있다고 생각하고, 번번히 할머니나 다른 어른들과만 애기를 나누고 총총히 돌아가 버렸다. 이런 기억들이 마치 어제의 일들처럼 생생하다. 그녀는 이것들을 말하면서 통곡을 하며 울었다. 정신치료 중, 감정의 폭발이 너무 격렬하여 염려될 정도였지만, 치료가 진행되면서 억눌린 분노가 발산되어 버리고 환자는 서서히 회복되었다.

성경의 말씀대로, 자녀를 노엽게 하지 말아야 된다(엡 6:4). 아이의 마음에 상처가 되어 일생을 괴롭히는 멍에가 될 수 있기 때문이다. 가혹한 부모, 화풀이 하는 부모, 냉정한 부모, 편애하는 부모, 분주한 부모, 과잉 보호하는 부모, 그리고 자식을 자신의 욕망을 이루는 도구로 보는 부모는 자녀를 억울하게 만들고 노엽게 한다.

스트레스 극복, 우선순위 생활화
- 해야만 할 일을 먼저 하라 -

마음은 바쁜데 일이 제대로 풀리지 않으면 사람들은 쉽게 분통을 터트린다. 그나마 분통을 제대로 터트릴 수 있는 사람은 나은 편이다. 교양 있는 사람들은 애써서 감정을 숨겨야 한다. 생활전반이 이런 식이라면 고통스러운 일이다.

마음의 고통은 해결할 길을 찾지 못하면 육체 증상으로 터져 나온다. 복통, 설사, 과민성 대장염, 가슴의 통증으로 숨쉬기도 어려워진다. 그 중 가장 많은 증상은 두통이다. 왜 사람들은 마음에 여유를 갖지 못하는 것일까?

중요한 원인 중 하나가 일의 우선순위를 세우지 못하는 것이다. 하버드대학의 스티븐 코비가 '인생을 성공적으로 사는 사람들의 특징'에서도 말했지만, 마음의 여유를 가지고 사는 사람들은 '해야만 할 일'과 '하고 싶은 일'이 눈앞에 있을 때 '해야만 할 일'을 먼저 한다. 할 일을 놔두고 마음 끌리는 데로 살다 보면 일은 밀리고 결국 일에 포위당하고 만다. 쌓인 일이 뇌리를 떠나지 않기 때문에 마음은 항상 쫓기고 여유를 가질 수가 없다. 그래서 어머니들은 자녀들에게 "아가, 숙제 먼저 하고 놀아라."라고 가르친다.

예수님도 베다니 마을에서 마음이 분주하여 짜증이 난 마르다에게 "네가 많은 일로 걱정하는구나. 그러나 꼭 필요한 것은 한 가지 뿐이란다…(눅10:41~42)"라고 말씀하셨다. 우선순위를 따라 살자.

목사 사모의 정신건강
- 목사 사모의 아픔 -

신학교에서 목사 사모님들을 대상으로 강의할 기회가 있었다. 수강생 중 한 분이 질문을 했다. "저는 목사 사모예요. 가슴이 두근거리고 아프고 기운이 없어요. 죄지은 사람처럼 불안하고 의욕이 없어졌어요. 병원에서는 '신경성'이라고만 해요. 치료 방법이 없을까요?" 선량해 보이는 이 젊은 사모님의 질문 속에서 나는 많은 사모님들의 아픔을 볼 수 있었다.

이런 증상은 정서적 억압과 불안정 때문에 오는 것이다. 억압된 분노와 자존심의 손상, 욕구의 좌절, 누적된 스트레스와 우울한 사건들이 무의식에서 이런 증상들을 만들어내고 있는 것이다. 문제의 핵심이 무의식 속에 숨겨져 있기 때문에 자신은 왜 이렇게 괴로운지 알지 못하는 것이 보통이다.

얼마 전 모 여대 학생들이 가장 인기 있는 배우자의 직업으로 목사직을 꼽았다는 보도를 보았다. 사모님들의 아픔을 아는 나로서는 의외였다. 세상에서 목사님의 사모님이라는 위치처럼 고독하고 아픈 자리도 없을 것 같다.

내 아내는 의상 디자이너이기 때문에 사모님들의 옷을 지어드릴 기회가 있다. 이분들의 공통적인 주문이 있다고 한다. "수수하게 해주세요.", "색깔은 밝지 않아야 돼요.", "지금 옷을 지어 주셔도, 당장에는 입을 수 없어요. 기회봐서 입어야지요." 아내에게 이 말을 듣고 나는 마음이 아팠다. 사모님들도 여인인데 멋있는 옷을 입고 싶고, 아름답게 보이고 싶지 않을리 없다. 교인들의 입방아가 두려운 것이다. 이 일로 남편 목사님에게 해가 될까 두려운 것이다. '교회에 덕이 안된다.'는 비난이 두려워서 모든 욕망을 억누르고 짓밟아야만 된다.

사모학에 대한 책이나 강의 내용은 한 마디로 요약될 수 있다. "교회에서 사모님은 쥐죽은 듯이 가만히 있으라.", "사모님이 참고 또 참았더니 모든 일이 은혜롭게(?) 해결되었다." 등이다. 사모님의 감정 표현은 차단되고 욕구는 좌절되고 인내와 복종만이 강요된다. 이처럼 힘든 자리가 세상에 또 어디 있겠는가! 목사님은 자신의 일이 있다. 영적 만족감도 있고 성취감도 있다. 신령한 일에 열중하시기 때문에 바쁘다.

그러나 사모님은 아내로서 남편에게 당연히 요구할 것을 요구해도 죄악감을 가질 수기 있다. 평범한 아내들과는 달리 신령한 일을 방해한다는 생각을 하게 되기 때문이다.

그래서 상담가 게리 콜린스 교수는 "성공한 목회자 뒤에는 성난 사모님이 계시다."고 말하고 있다. 남편을 교회에 빼앗겼다고도 한다. 물론 모든 사모님이 다 그런 것은 아니다. 그러나 주님이 알아 주시지 않는다면 발을 뻗고 울고 싶은 사모님들도 많을 것이다. 사모님이 행복해야 목사님이 양들을 마음 놓고 돌보실 수 있다.

건강한 신혼부부
- 마음을 알아 주는 부부 -

유학생 신혼부부가 있었다. 남편이 차를 몰고 학교에 가고 나면 신부는 집에 남아서 하루종일 신랑을 기다린다. 차가 없으면 꼼짝할 수 없는 미국 땅이다. 이웃끼리 왕래도 없다. 지루하고 고독한 나날이 계속되었다. 신부는 알 수 없는 마음의 고통으로 괴로웠다. 자신이 초라하고 쓸모 없어 보이는 것이 견딜 수 없었다. 우울하고 쓸쓸하기만 했다.

어느 날 저녁, 신랑에게 괴로운 마음을 털어 놓았다. 한참을 얘기하다가 문득 고개를 들어 보니 신랑의 눈에서 눈물이 흐르고 있었다. 신부는 깜짝 놀랐다. 그러나 잠을 깨듯이, 어두운 터널을 빠져나오듯이 마음이 밝아졌다. 신랑은 몇 가지 창조적인 제안을 했다. 아침에 신부가 차를 몰고 신랑을 학교에 실어다 주고 낮 동안 차를 쓰다가 저녁에 다시 학교로 데리러 오도록 하자. 그리고 신부도 공부를 계속하도록 알아 보자. 그후 신부는 다시 명랑해졌다. 신랑이 전보다 더 고맙고 믿음직스럽게 느껴졌다.

여인들은 결혼을 하거나 첫아이를 낳고 나면 자신의 인생의 큰 변화 앞에 압도당하여 우울증에 빠지는 일이 많다. 자살하는 부인들도 있다. 그러나 마음을 알아 주는 신랑만 있으면 넉넉히 극복한다. 이렇게 살면 애정은 더욱 깊어지고 인격도 자란다.

암의 원흉은 스트레스
- 마음을 편하고 기쁘게… -

50대의 부인이 자궁암에 걸렸다. 참을성이 많고 고상한 인격을 가진 분이었다. 암세포는 이미 골반 뼈를 파고 들어갔다. 몸은 종이장처럼 마르고 지독한 통증으로 숨쉬기도 어려웠다. 남편은 몰래 울고 아이들의 슬픔도 컸다. 부인은 찬송가 중 "주님의 마음을 본 받는자"를 좋아했다. 아내와 나는 찬송을 불러드렸다. 처음에는 입만 달싹거리시던 분이 3절쯤 가면 큰 소리로 찬송을 부르셨다. 어디서 그런 힘이 나오는지 놀라웠다.

얼굴에 미소가 떠오르고 "아, 참 좋다!" 하셨다. 우리 나라 여인들의 암 사망률 중 가장 높은 것이 자궁암이다. 그런데 수년 전부터 고맙게도 자궁암 사망률이 감소하고 있다. 산부인과에서 이유를 알아냈다. 부인들이 지혜롭게도 자궁암의 정기검진을 잘 하고 있었기 때문이었다. 조기발견만 하면 암은 치료가 잘된다. 20분만에 끝내는 암치료도 있다고 한다. 적어도 일년에 한 번은 자궁암 검사를 꼭 받아야 한다. 엄마가 암에 걸리면 그것은 엄마 개인의 문제가 아니다. 온 집안이 엉망이 되고 만다.

가족에 대한 책임감을 갖고 건강 관리를 해야 한다. 그리고 암세포를 만드는 원흉은 스트레스다. 마음을 편하고 기쁘게 갖는 것이 암을 예방해 준다. 세상을 보면 괴롭지만 위에 계신 하나님을 보면 평안이 온다.

부부 사별로 나타나는 병과 극복
- 배우자 사별과 암 -

"이와 같이 남편들도 자기 아내 사랑하기를 제몸같이 할지니 자기 아내를 사랑하는 자는 자기를 사랑하는 것이라"(엡 5:28).

탤런트 K여사가 암으로 돌아가셨다. 훌륭한 연기력과 존경할 만한 인격자였는데 아쉬운 마음을 금할 길 없었다. 그런데 불과 6개월만에 여사의 부군께서 또한 암으로 돌아가셨다. 가족들의 슬픔이 어떠할까 생각하면 가슴 아프다.

파크스 박사는 55세 이상된 상처한 남자 4천5백명을 조사했다. 부인이 사망한 지 6개월 이내에 213명이 사망했는데, 이는 같은 연령 집단의 사망률보다 40퍼센트가 높은 것이었다. 처음 6개월이 지난 다음에는 사망률이 정상 상태로 회복되었다고 했다. 부부 사별은 가장 심한 스트레스 중 하나다. 특히 홀로된 남편에서 발병률과 사망률이 높아진다. 그러므로 사랑하는 아내가 생존해 있어주는 것만으로도 남편들은 고마워해야 한다.

스티븐 슐라이퍼 박사 팀은 악성 유방암에 걸린 부인의 남편들을 조사했다. 즉 부인이 사망하기 전과 후의 면역반응을 보았다. 균에 대한 면역반응은 부인이 돌아가시자 급격히 억제되었고 특히, 사별 후 첫 한 달 동안이 심했다. 면역반응이 억제되면 간염이나 장질부사 같은 전염병에 잘 걸리게 되고 암의 발병률도 높아진다. 부인 사별이라는 스트레스가 면역

기능을 억제하여 병을 일으키는 것을 보여주는 좋은 연구였다.

솔로몬 박사 팀은 쥐에게 암을 일으키는 바이러스를 주었다. 그후 3일 간 전기 쇼크로 스트레스를 주었다. 이 쥐들은 전기 스트레스를 받지 않은 쥐들보다 암 발병이 훨씬 증가했다. 스트레스에 의해서 암 발병이 촉진되는 것을 보여주었다.

레쉬안 박사는 악성종양에 걸린 사람들의 생활을 연구하여 4가지 공통점을 발견하였다.

첫째, 암 발생 전에 중요한 대인관계의 상실이 있었다. 자식이나 배우자를 잃었다든지 하는 생활 사건이 있었던 이들 중에 암 발병이 많았다.

둘째, 이들의 성격 특성인데, 화가났을 때 이 적개심을 성공적으로 처리하지 못하는 이들이었다. 지나치게 내성적이어서 속으로만 억제하든지, 겉으로 태연한 척한다는 것이다. 이들의 대부분은 분노의 표현을 곧 싸우는 것으로 연상하여 분노를 억압하였다. 싸우지 않고도 자신의 분노를 처리할 수 있는 지혜가 부족하였다.

세째, 부모 상에 대한 해결되지 않은 긴장이 있었다. 부모에 대한 숨겨진 분노가 무의식에서 끊임없이 긴장을 주거나, 어릴 때 받지 못한 사랑의 배고픔을 성인이 된 후에도 해결하지 못하고 있는 사람들이었다.

네째, 성적인 장애가 있었다. 성적욕구의 해결과 승화가 안된 채 성적 긴장이 장기간 지속되는 사람들에게 암 발생이 높았다.

이러한 요인들은 면역기능의 장애를 초래하여 암뿐만이 아니고 그외의 여러 가지 질환을 일으킬 수도 있다.

엔겔 박사도 자궁경부암 환자를 조사하였는데, 이 여인들은 지난 6개월 동안에 자신의 인생의 '중요한 것'을 상실한 경험을 갖고 있었다. 이것은 돈일 수도 있고, 자존심이나 미모의 상실일 수도 있다.

부인 사별이라는 스트레스를 어떻게 극복할 수 있을까?

'빅터 프랭클'이라는 정신과 의사에게 한 노 교수가 찾아 왔다. 최근에 부인과 사별한 뒤에 깊은 절망감과 우울에 빠져있는 분이었다. 아무런 재미도, 의욕도 없고 심리적인 고통이 너무 심하여 죽고만 싶다고 하였다. 프랭클은 이렇게 치료했다. "부인이 살아 계시고 교수님께서 돌아가셨다면 지금 이 고통은 누가 당하고 계실까요? 누구든 한 분은 먼저 가셔야 할테니까요."

프랭클 박사의 말 속에는 이런 뜻이 숨겨져 있다. "교수님께서는 부인이 당할 고통을 대신 당하고 계십니다. 교수님께서 먼저 돌아가셨더라면 부인께서 이 지독한 아픔을 당해 내셔야 했을 것입니다. 그러므로 이 고통은 부인의 고통을 교수님께서 대신 당해 주신다는 의미가 있는 것입니다." 노교수님의 눈에 눈물이 맺혔다. 진찰실을 나설 때 그의 표정은 밝아졌고, 의욕이 회복되어 있었다고 한다.

고통의 의미를 발견해야 한다. 그리고 사별의 아픔이 가시는 데는 시간이 필요하다는 것을 알아야 한다. 대략 6개월 정도만 참으면 급성 우울기가 지나가고 자아는 슬픔을 극복해낸다. 성급하게 고통에서 벗어나려는 마음의 태도가 오히려 더욱 절망적으로 만들 수 있다.

"나는 매일 죽노라" 한 바울의 말처럼 매일 죽음을 준비하고 사는 사람은 죽음을 비교적 쉽게 받아들인다. 하나님께서 언제 우리 부부를 갈라 놓으실지 우리는 모른다. 그러나 그때가 그분이 정하신 시간(His time)이고 가장 적절한 죽음의 시간임을 믿고 받아들여야 한다(전도서 3:1~11). 이 믿음이 있을 때 사별로 인한 원망과 죄책감에서 헤어나올 수 있다.

마음병의 약, 공감
- 우울증을 공감하라 -

젊은 부인이 우울증에 빠졌다. 매사가 슬프고 짜증만 난다. 기운도 없고 식욕도 없다. 가슴은 무거운 바위를 얹어 놓은 듯 답답하다. 남편이 미국 유학을 떠나고 성질이 까다로운 시어머니를 모신 지 2년 만에 이런 상태에 빠졌다. 시모님은 매사에 불만이 많았다. 전등을 켜면 전기를 낭비한다고 나무라시고 수돗물을 쓰면 수돗물을 낭비한다고 화를 내셨다.

음식을 못한다고 구박을 하시더니 "도대체 네가 제대로 할 줄 아는 것이 무어냐?"며 무능력자로 몰아 세우셨다. 화가 났지만 무서워서 내색할 수도 없었다. 이제는 부인 스스로도 자신이 쓸모없는 바보로 보였다. 인간은 인격을 무시당하고 비난을 막무가내로 참고만 있으면 이렇게 마음이 병든다. 기다리던 남편이 귀국했다. 손님들이 모두 돌아가고 오랜만에 단둘이 남았다. 다정한 남편은 부인을 안고 위로했다. "그 동안 당신 고생 많았지? 우리 어머니 성질은 내가 잘 알지. 정말 당신 고생 많았어. 잘 참아 주어서 고마워." 부인은 울음을 참을 수가 없었다. 남편에게 약한 모습을 보여주고 싶지 않았지만 흐르는 눈물을 어쩔 수가 없었다. 얼마를 울고 나자 마음이 밝아지고 가벼워지는 것을 느낄 수 있었다. 그런데 이상하게도 도무지 고생한 일들이 하나도 생각나지를 않았다. "내가 무슨 고생을 했지?"

남편의 공감반응이 약이었다. 이렇게 마음병에는 공감이 약이다.

설탕 한 덩어리
- 상황 보다는 사람이 문제다 -

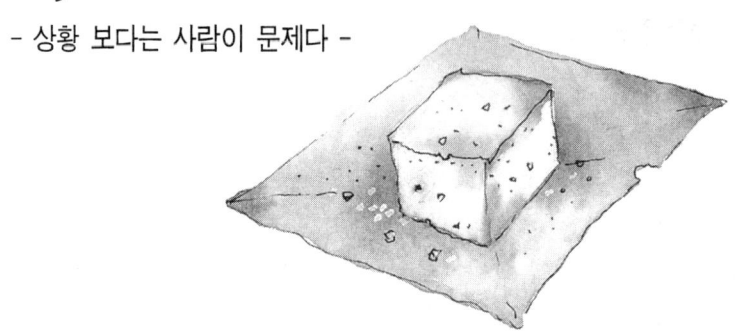

정신분석학자인 빅터 프랭클 박사가 갇혔던 아우스비츠 수용소는 처참한 곳이었다. 히틀러가 유태인을 말살시키기 위하여 만든 곳이었다. 혹독한 추위 속에서도 얇은 죄수복 한 벌로 견디어야 했다. 의학적으로는 도저히 살아 남을 수 없는 칼로리의 묽은 죽 한 그릇으로 하루를 살아야 했다. 게다가 중노동과 전염병으로 많은 사람들이 죽어 갔다. 일터로 가던 중에 쓰러지면, 일어날 기운이 없어 죽임을 당하기도 했다. 몸에 상처가 나도 가스실로 보내졌다.

　이런 극한 상황 속에서는 인간의 모습도 두드러지게 그 본색을 드러냈다. 크게 두 부류로 나누어 지는데 한 부류는 살아 남기 위하여 비열해지고 아부하고, 동료들을 밀고하는, 개처럼 사는 사람들이었다. 또 한 부류의 사람들은 지옥같은 상황 속에서도 이웃을 돌보고 먹을 것을 양보하며, 가스실로 들어가면서도 초연하게 하나님께 감사의 기도를 드리는, 천국을 소유한 사람들이었다. 처해진 상황이 얼마나 비참한가가 문제가 아니었고, 그 속에 살고 있는 사람이 어떤 사람인가가 문제였다.

'하나님의 지하 운동'에서 리챠드 범브란트 목사님도 지옥같은 감옥 생활의 경험을 기록하고 있다. 루마니아가 공산화되면서 그는 구속되었다. 고문 속에서도 하나님과 동행함으로 승리하였다. 그러나 몸은 마르고 쇠약할대로 쇠약해졌다. 결핵이 심해지자 정부는 그를 결핵환자들의 감방에 보냈다. 약도 없고 식사도 형편없는 이곳에서 살아서 나간 사람은 한 사람도 없었다. 죽음과 절망의 탄식만 있는 곳이었다. 그러나 이곳에서도 그는 하나님의 말씀을 가르쳤다. 죽어가는 환자들을 돌보아 주었다. 자신이 중환자이면서도 다른 환자에게 빵을 나누어 주었다. 그렇게 며칠이 지나면서 감옥의 분위기는 사랑과 소망의 분위기로 바뀌었다. 기적 같은 일이었다.

이런 일도 있었다. 어느 날, 설탕 한 덩어리가 이 감방의 죄수 중 한 분에게 차입되어 들어왔다. 그것을 바라보는 눈들이 빛났다. 절대 칼로리가 부족한 그곳에서 설탕은 보석과도 같고 보약과도 같았다. 설탕의 주인이 포장지를 풀고 그것을 볼 때, 모두들 숨을 죽이고 그것을 보았다. 그런데 설탕 주인은 먹음직스러운 설탕 덩어리를 먹지 않고 포장지로 다시 싸기 시작했다. "나보다 더 위독한 분을 위해서 이것을 아껴 두겠습니다." 그리고 그 후 정말 위독한 환자가 발생했을 때, 설탕의 일부를 환자에게 주어 먹게했을 뿐 설탕 주인은 끝내 설탕을 먹지 않고 '자신보다 더 위독한 분을 위해서' 설탕을 아껴두고 죽어 갔다.

그 후로도 설탕은 감옥을 오랫동안 돌고 또 돌았다. 마지막 임종의 순간에도 환자들은 '자신보다 더 위독한 다른 분을 위해서' 설탕을 사양하였기 때문이었다. 지옥 같은 상황 속에서도 그들은 자신들은 영양실조와 결핵으로 죽어가면서도 '나보다 더 약한 환자를 위하여' 설탕을 사양하는 '도덕적인 힘'을 갖고 있었던 것이다.

지옥은 더 갖고자, 높아지고자 투쟁하고 질투하는 곳이고, 천국은 사랑하고, 더 주고도 또 주고 싶어하는 사람들의 장소라고 한다면, '범브란트' 목사님의 결핵 감방은 천국이었다. 굶주림과 결핵균의 장소, 추위와 비열함의 장소가 하나님의 천국을 소유한, '범브란트' 목사님 한 사람으로 인하여 천국이 되었다. 사람이 문제다. 상황이 문제가 아니다. '어떤 사람이 그 곳에 있느냐'에 따라 상황은 달라질 수 있고, 그곳에 있는 사람의 마음가짐에 따라서 상황은 다르게 지각되는 것이다.

사람들은, 흔히 미숙하거나 노이로제를 가진 사람들은 환경 때문에 자신은 병들었고, 괴롭고 무능력해진다고 한다. "환경이 좋아지면 나는 유능해지고 모든 것이 좋아지며 대인관계도 원만해질거야."라고 생각한다. 그리고 그런 환경을 원망하고, 부모나, 남편 등을 원망한다. 그러나 상황보다 더 중요한 것은 그 상황 속에 있는 인간이 문제다.

굶주린 예수님에게 사탄이 찾아온다. 돌로 떡을 만들라고 했다. 굶주림이라는 상황을 먼저 해결하고 그 다음에 하나님의 나라도 생각할 수 있는 것 아니냐는 유혹으로 볼 수 있다. 그러나 예수님의 우선순위는 굶주린 상황의 해결인 떡이 아니었고, 인간을 변화시키고 구원하는 하나님의 말씀이었다. "사람이 떡으로만 살 것이 아니요 하나님의 입으로 나오는 모든 말씀으로 살 것이니라"(마 4:4). 가난이나 상황이 문제가 아니고 그 가난 속에 누가 있느냐가 문제다. 그러나 여기서 조심할 것은 인간성에 너무 기대를 거는 것이다. 만물보다 부패한 것이 인간의 마음이다(렘 17:9, 막 7:20~23). 인간 스스로는 무력하고, 이기적인 존재이지만, 하나님은 믿는 그의 심령을 변화시키시고, 범브란트 목사님의 경우처럼 결핵 감방을 천국으로 변화시키는 놀라운 기적을 행하신다.

내일은 인간의 시간이 아니다
- '예측 가능'할 때 안심이 된다 -

어떤 아기들은 잠시도 엄마를 떨어지려 하지 않는다. 엄마가 화장실에 가려고 잠시만 곁을 떠나도 자지러지게 놀래고 울어서 엄마를 난처하게 한다. 그러나 어떤 아기들은 엄마가 아기를 뉘어놓고 부엌에 다녀와도 아기는 혼자서 잘 논다. 어디서 이런 차이가 오는 것일까? 발달심리학에서는 '예측 가능성'으로 설명한다.

아기가 엄마의 행동을 예측할 수 있을 때, 즉 '엄마가 잠시 내 곁을 떠나지만, 엄마는 꼭 돌아와서 나를 다시 돌봐준다.'는 사실을 예측할 수 있을 때 아기들은 안심하고 놀 수 있다는 것이다. 그러나 엄마가 자주 아이를 버리고(?) 외출해서 불안을 경험한 아기들은 엄마의 행동을 예측할 수 없어서, 엄마가 곁을 떠날 때 예민해지고 쉽게 불안에 빠진다. 이런 아이들은 특히 '이별 불안'이 심하여 누군가와 헤어짐을 못 견디는 성격이 된다.

'예측 불가능성'은 인간을 불안하게 한다. 한 '건강염려증' 환자가 있었다. 그는 자신의 심장이 어느 순간에 갑자기 멎어 버릴지도 모른다는 불안에 떨고 있었다. 틈만 나면 그는 자신의 손목을 잡고 맥박을 센다. 어쩌다가 맥박이 한 번이라도 빠지면(자신이 자신의 맥을 짚으면 가끔 이런 경험을 할 수가 있다.) 그는 기절할 듯이 놀래 병원으로 달려간다. 사회적으로는 성공한 전문 직업인이고 지성인이지만 그는 심장에 대한 불안으로 삶의 맛을 잃고 말았다. 때로는 이 초조감이 괴로워서 차라리 죽어 버리고 싶은 심정이었다.

 망설임 끝에 그는 정신과 진찰을 받았다. 자세한 얘기를 들으신 후에 의사는 약을 처방해 주었다. 그는 의사에게 신뢰감이 갔다. 위기 상황에 처했을 때 이 약만 먹으면 괜찮아질 것이라는 믿음이 생겼다. 그는 선생님이 주신 약을 항상 주머니 속에 지니고 다녔다. 마음이 든든했다. 신기하게도 그후 수년 간 그는, 단 한 번도 선생님이 주신 약을 먹지 않았음에도 불구하고, 다시는 '맥박 불안'에 빠지지 않았다. '이 약을 먹으면 좋아진다.'는 결과를 약이 예측하도록 해주기 때문이었다.

 똑같은 고통이라도 그 고통이 올 것을 예측할 수 있는 상태에서 당하면 고통이 덜하다. 그래서 인간은 비록 고통의 상황은 변화시킬 수 없다고 하더라도 언제 그 고통이 오는지 알고자 한다. 이런 심리는 동물 실험에서도 볼 수 있다. 예컨데 베디아와 쿨버트슨 박사는 쥐들에게 전기 충격을 가했다. 불이 켜져 있을 때는 '경고음'을 들려주지 않고 전기 쇼크를 주었고, 불이 꺼져 어두울 때는 '경고음'을 들려주고 잠시 후에 전기 쇼크를 주었다. 그러므로 쥐들은 불이 꺼져 어두울 때는 '경고음'을 들을 수 있기 때문에 전기 쇼크가 곧 온다는 것을 예측 할 수 있었다. 그리고 불을 끌 수 있도록 학습시켰다. '경고음'이 있을 때나 없을 때나 전기 쇼크는 동일한 횟수로 주어졌다.

 이 실험의 목적은 '경고음'이라는 전기 쇼크의 예고에 대한 쥐의 반응을 보기 위한 것이었다. 실험 결과 쥐들의 반응은 독특했었다. 쥐들은 '경고음'을 들을 수 있도록 불을 계속 끄려 했었다. '경고음'이 들린다는 것은 쥐에게 어떤 의미가 있을까? 이 소리를 듣고 쥐가 전기 쇼크를 막을 수 있는 것은 아니었다. 이 '경고음'은 단지 "이제 곧 전기 쇼크가 온다."는 예고일 뿐이었다. 그럼에도 불구하고 쥐들은 예고가 있는 어두움 쪽을 선택했었다. 당할 때 당하더라도 미리 알고서 당하고 싶은 것이었다.

인간에 있어서도 예측 불가능성은 불안을 준다. 내가 인턴으로 외과에서 근무할 때였다. 간호원이 병동에서 밤늦게 불렀다. 달려가 보니 낮에 수술받은 환자가 너무나 심한 통증으로 잠을 못이루고 있었다. 나는 이 환자가 자신의 통증에 대해서 몹시 불안해하고 있다는 것을 알게 되었다. "수술이 잘못되었기 때문에 이렇게 아픈 것이 아닌가요? 뱃속에 무엇이 잘못된 것 아닐까요?" 통증 자체보다 수술 결과에 대한 의혹이 더욱 문제였다.

나는 그녀에게 "몹시 아프시지요! 수술은 아주 잘되었습니다. 그리고 모든 수술 환자는 수술 받은 그날 밤에 가장 아프고 다음 날에는 조금 덜 아프고, 3일째에는 훨씬 덜 아프게 됩니다."라고 말해 주었다. 환자는 내 설명을 듣고 안심하는 듯했다. "원하신다면 진통제를 주사해 드릴 수도 있습니다." 하고 제안 했으나 그녀는 "아니요. 그럴 필요 없어요. 주사는 맞지 않고 견뎌보겠어요." 했다. 그녀는 그날 밤 진통제나 수면제 없이도 잘 잘수 있었다. 이 부인의 경우에는 자신의 통증이 앞으로 어떤 경과를 밟게 되는가를 예측할 수 있게 되면서 불안이 감소했고, 통증을 잘 견딜 수 있게 되었다.

예측 불가능한 상황은 인간을 불안하게 한다. 이 불안을 유난히도 못 견디는 사람들이 신경증 환자들이다. 그래서 어떤 사람들은 어리석게도 점을 치고 무당을 찾기도 하며, 종말은 '몇월 며칠 몇시'라고 정해 놓고 안심하려고도 한다. 실험실의 쥐들이 경고음을 들으려고 하는 행위와 같다. 그러나 대부분의 인생사는 예측 불가능하게 엄습해 오는 것이다. 사실 '내일'이라는 시간은 인간의 시간이 아니다. 그것은 하나님만 아시는 그분의 시간인 것이다. "너는 내일 일을 자랑하지 말라 하루 동안에 무슨 일이 날는지 네가 알 수 없음이니라"(잠 27:1)고 하나님은 말씀하고 계신다. 건강한 신앙인은 예측 불가능한 세상을 참으며, 한 걸음씩 믿음으로 사는 사람이다(마 6:34).

색안경을 벗어라
- 마음의 색안경 -

"우리는 스스로 보기에도 메뚜기 같으니 그들의 보기에도 그와 같았을 것이라"(민 14:33).

가나안을 정탐하러 갔던 12명 중 10명의 보고 내용이었다. 이들의 열등감과 패배의식은 이스라엘 민중의 공감을 불러 일으켰고, 그들은 40년의 고난의 길로 들어 서게 된다. 오늘도 자신을 메뚜기로 보고, 남들도 자신을 메뚜기로 볼 것이라는 열등감에 빠져서 비참한 심경인 사람들이 많다.

정신의학에서는 마음의 색안경(mental filter)이란 말을 쓴다. 맑고 투명한 안경을 쓰면 사물과 자신이 현실 그대로 보인다. 그러나 색안경을 쓰게되면 사물은 안경 색깔대로 채색되어 보이게 된다. 시험에 합격을 했다든지, 승진을 했다든지, 혹은 칭찬을 들은 사람은 세상이 핑크빛으로 보일 수가 있다. 모든 일은 잘될 것 같고, 사람들이 자신을 부러워하고 좋아할 것 같은 기분이 된다.

그러나 예컨대 대입에서 실패한 학생이나 학부모님은 온통 세상이 어둡고 절망적으로 보일 수가 있다. 검은색의 마음의 안경을 써버렸기 때문이다. 하는 일마다 재수가(?) 없을 것같고 시험을 보기만 하면 또 떨어질 것같은 자기 암시에 빠지게 된다. 이렇게 되면 큰 일이다. 사람은 자기가 믿는대로 행동하기 때문이다. 실패를 예상하고 그런 기분에 빠진 사람은 자신도 모르게 실패하는 방향으로 행동하게 되는 것이 인간 심리다.

한 유능한 회사원이 있었다. 그는 열등감이 심했다.

"나는 무능력해. 나는 성공할 수 없을거야. 아무도 나를 인정해 줄 사람은 없어. 나같은 놈은 만년 평사원이나…" 그의 마음은 어둡고, 우울이 지하수처럼 깊은 곳을 흐르고 있었다. 열등감의 색안경을 그는 쓰고 있었다. 그러던 어느 날 출세의 기회가 왔다. 사장님이 그에게 특별한 일을 맡겨 주셨던 것이다. 그는 수개월 동안 밤잠을 설치며 준비를 완료했다. 그러나 결정적인 순간에 그는 큰 실수를 저질러버렸다. 준비한 서류를 분실한 것이었다. 그의 기회는 공중분해되고 말았다. 수일 후 어처구니없게도 그의 서류는 집에서 발견되었다. 그가 정신분석을 받을 때에 알게된 사실이지만, 서류를 둔 곳을 망각한 것은 마음의 색안경 때문이었다. 그의 무의식이 그를 패배의 삶으로 이끌어 갔던 것이다.

열등감의 색안경을 쓰고 자신을 보면 자신이 한없이 초라하고 수치스럽고, 밉게 보인다. 사람들이 나를 멸시하고 미워하는 것으로 생각된다. 객관적으로는 실력도 있고 매력적인 외모도 갖고 있는데 이 사실을 믿을 수가 없다. 누군가 자기를 칭찬해주면 놀리는 것이라고 해석하고 노여워한다.

젊은이들이 갖고 있는 열등감 중에 가장 많은 것이 외모에 대한 것이다. "키가 작아서, 눈이 작아서, 코가 낮아서, 젖가슴 때문에…" 사람들이 무시할 것이고 자신의 미래는 불행할 것이라고 결론을 내려 놓고 있다. 이런 경우에 성형 수술로 코를 예쁘게 세워 놓으면 해결될 것으로 생각하지만 실제는 그렇게 단순치가 않다. 열등감이 심한 사람은 성형 수술에 대한 마술적 기대를 갖기 때문에 번번히 실망하고 의사를 원망하며, 신체상의 변화를 감당치 못하여 전보다 더 심한 상태가 된다.

또한 우리 사회에는 학벌에 대한 열등감이 많다. 그러나 일류 대학을 나온 사람일지라도 자신과 미래를 보는 눈에 검은 색안경을 쓰고 있는 한 우울한 패배의식에서 벗어날 수 없다. 어떤 마음으로 세상을 보느냐 하는데 따라 자신과 세상이 딜라지는 것이다. 마음의 색안경이 마음의 병을 만든다.

여호수아와 갈렙은 가나안의 거인들을 '우리의 밥'(민 14:9)으로 보고 있으나, 다른 열 명의 정탐인들은 스스로도 자신들을 메뚜기로 보고 있으며, 상대방들도 그렇게 볼 것이라고 한다. 같은 시대에 같은 대상을 보고 이렇게 상반된 견해를 갖게 되는 것은 마음의 색안경 때문이다. "여호와께서 우리와 함께 하신다"(민 14:9). 그러나 마음의 색안경은 하나님의 임재와 축복이라는 현실도 볼 수 없게 만든다.

불임증의 숨겨진 원인, 임신 혐오증
- 마음 속의 임신혐오증을 찾아라 -

딸 아이가 결혼 2년 만에 아이를 가졌다. 입덧으로 고생을 하면서도 태아에게 얘기를 하며 즐거워한다. 대부분의 여성은 임신을 기뻐한다. 여기에는 몇 가지 이유가 있다. 임신하면 여성은 자신이 생물학적으로도 완벽한 여성이라는 사실을 확인한다. 또한 사랑하는 사람의 분신을 가졌다는 만족감도 얻는다.

임신은 종족유지 본능의 성취감도 주고, 며느리로서 시댁에 대한 체면도 세워 준다. 뿐만 아니라 남자가 되고 싶은 욕망을 무의식에 숨기고 있는 여성의 경우에 아들을 낳으면 대리만족도 얻고 자신감도 생긴다. 그래서 여성들이 아들을 낳으려고 집착하기도 한다.

그러나 모든 여성이 임신을 원하는 것은 아니다. 임신혐오증을 가진 여성들이 의외로 많다. '남편의 사랑을 아이에게 모두 빼앗길까 봐서…, 도저히 어머니가 될 자신이 없어서…, 기형아를 낳을까 봐서…, 분만도중에 죽을까 두려워서…' 임신을 기피한다. 임신을 기피하는 여인들이 표면적으로 내세우는 이유는 자기 일을 하는데 아이가 방해가 되기 때문이라고 하지만 임신 혐오증을 숨기고 있는 경우가 많다.

이 혐오증이 불임증의 원인이 되기도 한다. 그래서 불임증인 분들은 자신의 마음 속 깊은 곳에 혹시 임신 혐오증이 숨어 있는 것은 아닌가 분석을 받아 볼 필요가 있다.

무의식 속의 상처
- 내적치유가 필요한 사람들 -

정신과 교과서에는 성폭행을 당한 한 소녀의 일생이 소개되어 있다. 어릴 때 성폭행을 당한 소녀가 성장해서 결혼을 하였다. 불행하게도 남편은 알콜중독자였다. 술에 취할 때마다 그녀를 짐승처럼 두들겨 팼다.

견디다 못해 헤어졌다. 그리고 우울증으로 정신병원에 입원했다. 입원실에서 한 남자 환자와 가까워졌다. 퇴원 후에도 관계는 계속되었다. 그러나 난폭한 사람이라는 것을 알고 헤어지려하자 이 남자는 그녀에게 휘발유를 끼얹고 불을 지르겠다고 위협했다. 겨우 헤어졌다. 그 후 몇 년이 흐른 후에 인정 있는 남자를 만났다. 이 분은 그 전에 만났던 남자들처럼 그녀를 학대하지 않았다. 그런데 놀라운 일은 이번에는 그녀 자신이 자기 아이를 학대하게 된 것이었다.

왜 그녀는 자기를 학대하는 남자들을 선택하는 것일까? 자기를 학대하지 않는 남자를 만나 행복한 생활을 하게 되었을 때, 이번에는 자기가 당한 것처럼 자기 아이를 학대하는 이유는 무엇일까? 이것은 인간 정신의 독특한 기능에 속한다. 어릴 때 성폭행같은 끔찍한 충격을 받은 사람들은 무의식에 이 사건이 새겨져서, 싫은데도 불구하고, 그때 그 상황을 반복하여 만들게 된다.

삼풍붕괴 사건 때 매몰당했던 사람들이 꿈이나 상상 속에 당시의 장면이 자꾸 보이는 것도 이런 현상이다. 너무나 충격적이어서 당시로서는 소화하고 극복할 수 없었던 스트레스를 뒤늦게나마 그 상황을 재현시켜 놓고 조금씩 극복해 가는 노력을 하고 있는 것이다. 그러나 이 부인의 경우는 너무나 위험하고 파괴적이다. 난폭한 남자들만을 골라서 교제를 하는 것이나, 딸과 자신을 동일시하고 딸을 학대하므로 자신이 학대 받는 상황을 재현하고 있다. 이런 분들은 정신치료가 필요하다. 무의식 속에 들어 있는 이 충격의 영향을 발견하여 치료하지 않는한 불행한 반복을 멈추기가 어렵다.

성폭행의 영향이 얼마나 파괴적인가를 보여주는 증거다. 요즘 교회에서 내적치유 세미나를 여는 교회들이 많다. 정말 가치 있고 의미 있는 사역이다. 심리 깊은 곳에 숨어 있는 문제들을 다루어 주지 않으면, 주님과도 거리를 갖게 되어 수년을 믿어도 신앙이 자라지를 않는다. 내적치유를 다룬 책들이 기독교 서점에 적어도 20여 권 이상 나와 있다. 책도 도움이 된다.

항상 기뻐하라
- 웃음은 양약(良藥)이다 -

놀만 쿠신씨는 척추질환으로 불구가 될 위험에 빠져 있었다. 허리의 통증이 너무 심하여 수면제와 진통제를 쓰지 않고는 잠을 잘 수가 없었다. 그런데 입원기간 중 어느 날 그는 신기한 체험을 했다. 그날 밤, 잠에서 깨어나 보니 기분이 상쾌했다. 그는 자신이 진통제나 수면제를 맞지 않고도 통증 없이 두 시간 동안을 기분 좋게 잘 수 있었다는 사실에 놀랐다. 이런 일은 입원 후 처음이었다.

그는 곰곰히 그 이유를 생각해 보았다. 단조로운 병원 생활에서 원인이 될만한 한 가지 변화가 떠올랐다. 낮에 본 코미디 프로가 생각났다. 코메디언이 얼마나 웃기던지 정말 오랜만에 마음놓고 실컷 웃었던 것이다. 폭소의 시간은 약 10분 정도였다. 그런데 그날 밤 그는 진통제를 맞지 않고도 잘 잤고, 잠에서 깨어났을 때는, 수면제나 진통제를 사용했을 때와는 달리 머리가 개운했다. 쿠신씨는 이 경험을 담당의사에게 보고했다. 담당의사는 아주 학구적인 분이었다. 그는 쿠신씨에게 실험을 제안했다. 비디오, 만화 등의 코메디 프로그램을 만들어 보여 주었다. 그리고 이 웃음 치료시간(laugh session)이 끝난 직후에 혈액검사를 시행하였다.

실험 결과, 놀랍게도 의학적 검사상 염증이 현저히 감소된 것을 입증할 수 있었다. 쿠신씨는 웃음을 '심리적 조깅(internal jogging)'이라고 했다. 말하자면 심리적인 '에어로빅' 체조라 할 수 있겠다.

'스탠포드' 의과 대학의 교수이며 정신과 의사인 윌리암 프라이 박사는 웃음의 효과에 대해서 30년 간이나 연구한 분이다. 그는 '쿠신' 씨의 경험을 의학적으로 입증해 주었다. 하루에 3분 간 유쾌하게 웃는 것은 10분 간 보트의 노를 젓는 운동을 한 것과 같은 효과를 낸다고 했다. 웃음이 혈압과 맥박, 호흡을 안정시키는 효과를 갖고 있다는 것이다. 웃음으로 진통제나 마약 중독을 감소시킬 수도 있다고 하였다.

'노마린다' 의과 대학의 리벅 교수는 웃음과 호르몬의 관계를 연구하여 흥미 있는 보고를 하였다. 미국내 과학 잡지에 발표된 내용에 의하면, '웃음 프로그램'에 참여한 사람들은 참여치 않은 대조군보다 '에피네프린'의 과다분비가 적었다고 한다. 이 호르몬은 혈관을 수축시키고 혈압을 높이고 맥박을 빠르게 하여 분비가 많을 경우 고혈압과 가슴이 두근거리는 증상을 일으킨다. 또한 웃음은 '코티솔'이라는 호르몬의 과다분비를 막았다고 한다. 이 호르몬의 분비가 많아지면 면역체 형성을 억제하여 질병에 잘 걸리게 된다.

스트레스는 두 가지 종류가 있다. 하나는 고통을 주는 스트레스 (distress)이고 다른 하나는 유머나 웃음처럼 긍정적인 자극(positive stress)이다. 유머나 유쾌한 웃음으로 우리의 마음이 즐거워지면 우리 신체도 함께 즐거워하고 건강해진다는 것이 의학의 가르침이다. 이런 의학적 연구를 근거로 '80년대에 들어서 미국의 경우 많은 병원들이 코메디언들을 의학적 치료의 보조자로 참여시키고 있다. 예컨대 '콜롬비아 의료센터'에서는 백혈병 어린이들을 치료할 때 코메디언들이 치료팀의 일원으로 참여하여 아이들의 마음을 즐겁게 해주는 웃음치료를 병행하고 있는데 좋은 효과를 보고 있다고 한다.

잠언 17장 22절에는 '마음의 즐거움은 양약(良藥)'이라는 말씀이 있다. 이 말씀은 약 3,500여 년 전에 쓰여진 처방인데 현대 의학에서는 이제야 웃음을 알약처럼 투여하게 되었다. 성경은 우리에게 '항상 기뻐하라'고 말씀하시고, '마음에 근심하지 말라'고 위로하신다.

"심령의 근심은 뼈로 마르게 한다"(잠 17:22하)는 말씀도 있다. 뼈는 시멘트 건물처럼 고정되어 있는 것이 아니다. 의학적으로 볼 때 뼈에서는 쉴 새 없이 칼슘이 빠져나가기도 하고 들어와 쌓이기도 하는 대사과정을 밟고 있다. 걱정, 근심같은 스트레스가 심해질 때는 호르몬의 영향으로 뼈 속의 칼슘이 녹아 나오게 된다. 뼈가 칼슘을 많이 빼앗기면 뼈가 약해져서 골절이 쉽게 일어난다.

이처럼 심령의 근심은 호르몬을 통하여 뼈를 마르게 한다. '근심이 뼈를 마르게 한다'는 하나님의 말씀은 사실이다. 그런데 놀라운 것은 이 말씀이 호르몬이나 칼슘에 대한 지식이 전혀 없었던 3,500여 년 전에 쓰여졌다는 것이다. 성경은 사람의 지혜로 쓰여진 것이 아니고 호르몬과 칼슘을 만드신 분의 영감에 의해서 쓰여진 책임을 다시 한번 실감한다.

제 4 부
최상의 치료는 인격이신 주님을 따르는 것!

세뇌는 인간성의 말살이다.
인격을 사랑하고 존중하시는 주님의 태도와는 상반되는 것이다.
그래서 인격적인 주님을 따르는 것이 치료약이다.

초자연적 능력이 있는가?
- 정신질환자와 귀신들린 자 -

지난 주에는 신학대학원에서 강의를 했다. 목회 현장에서 부딪치는 정신질환 문제에 대한 강의였다. 진지하고 실제적인 질문들이 쏟아져 나왔다.

그중 가장 많은 질문은 '귀신들린 자와 정신질환자를 어떻게 구별하는가'였다. 이것은 어려운 질문이다. 왜냐하면 귀신들린 자의 모습이 다양해서 전형적인 모델을 찾기가 힘들기 때문이다. 하나님께서는 성경 속에 귀신들린 자의 모델을 보여 주셨다.

마가복음 5장의 거라사 귀신들린 자는 사실 정신질환자와 공통점이 많다. 사람들을 피하고 고립된 생활을 한다든지, 자기 몸을 상하고 옷을 벗고 산다든지 하는 모습이 정신질환의 증상을 보여준다. 이런 몇 가지 공통점만을 보고 귀신들렸다고 단정해버리는 것은 매우 위험하다. 요즈음 기도원이나 일부 교회에서 사랑으로 보살펴주어야 할 환자를 귀신으로 오인하여 학대하는 일들이 종종 일어나고 있다. '지극히 작은 자에게 하는 것이 곧 내게하는 것'이라고 하신 주님의 입장에서 볼 때 이런 만행은 죄악이다.

거라사 귀신들린 자를 자세히 살펴보면 정신질환자에게서는 볼 수 없는 몇 가지 특징을 볼 수 있다. 가장 두드러진 차이 점은 초자연적인 능력을 갖고 있다는 것이다. 예수님을 처음 보고도 그 분의 이름을 알았고, 예수님의 아버님이 하나님이라는 사실도 알고 있었다. 그 때까지 인간들 중 누구도 예수님이 하나님의 아들이라는 사실을 고백한 사람은 없었다.

  필자는 지난 24년 간 정신질환자를 진료했으나 이런 환자는 단 한 사람도 만난 일이 없다. 처음 보는 내 이름을 알지도 못했고 내 아버님이 누구라는 사실은 더더구나 몰랐다. 귀신의 초자연적 능력이다. 그리고 거라사의 귀신들린 자는 쇠사슬을 끊는 힘이 있었다. 정신질환자들에게는 이런 힘이 없다. 쇠사슬에 묶여서 병원에 끌려오는 환자들을 보면 환자들에게 그런 힘이 없다는 것을 알 수 있을 것이다. 환자들은 그냥 인간이기 때문에 발악을 할 때 나오는 정도의 힘밖에는 없다. 또 2,000마리나 되는 돼지를 일시에 바다에 몰아 넣는 힘도 환자들에게는 없다. 이것은 귀신의 힘이다.

  신학교에 정신병리 커리큘럼이 필요하다. 그리고 목회자님들이 정신과 의사의 지혜를 이용하시면 불쌍한 양들을 더 효과적으로 도울 수 있을 것이다.

빠져 나오기 힘든 유혹
- 히로뽕 중독 -

'히로뽕'이란, 일본 사람들이 정신을 자극하는 약물인 '메트 암페타민'에 붙친 별명이다. 이 약물은 잠을 쫓아 주고 정신을 맑게 해주기 때문에 밤샘하는 학생들이나 운전기사들, 그리고 연예인들이나, 순간적인 좋은 기록을 노리는 운동 선수들이 많이 찾는 약이었다. 또한 이 약물은 식욕을 빼앗아가기 때문에 주부들이 체중 조절을 목적으로 복용하다가 중독(濫用)에 빠지는 경우도 많다.

대개는 경구 투여를 하지만, 남용자들은 대량을 정맥 주사하기도 한다. 소독이 안된 주사 바늘을 사용하기 때문에 '에이즈' 같은 무서운 성병에 전염되기도 하는데, 일단 중독이 되면 성욕이 증가하고, 기분이 좋아지며, 전능감이 생겨서 자신만만해진다. 이런 기분은, 소심하고 인생의 좌절로 패배감에 빠져 사는 사람들에게는 현실적 고통을 잊게 해주기 때문에 빠져 나오기 힘든 유혹이 된다.

그러나 장기간 사용하면 이 약물은 감정을 과격하게 만들고 우울증을 유발하며, 피해망상이 생겨 사람들을 의심하게 하고, 헛것이 보이거나 자기를 욕하는 소리를 듣는 환각 증상이 나타나서 사고를 저지를 위험이 높다. 이런 증상들은 정신분열증과 매우 유사하여, 동물 실험에서는 인위적으로 정신분열증을 만들 때 이 약이 사용되기도 한다. 신체적 부작용으로는 왼쪽 가슴의 통증, 심장혈관 기능의 파탄, 고열, 간질같은 경련, 뇌출혈 그리고 사망에까지 이른다.

치료는 단기적 치료 목표와 장기적 치료 목표를 세워서 진행된다. 단기적으로는 우선 약을 끊게 하는 것이다. 자신과 주위 사람들을 해칠 위험이 높고, 기발한 속임수로 무슨 수를 써서라도 약을 구하기 때문에 패쇄 병동에 입원을 시켜야한다. 약을 끊으면 환자들은 기분이 우울해지고 몸이 천근처럼 무거워지며 깊은 수렁에 빠진 듯한 절망감을 느낀다. 불안하여 잠을 못이루고 자살하는 환자들도 있다. 그러나 조용한 방에서 자극을 줄여 주고 항 정신병 약물을 투여하면 보통은 일주일 이내에 급성 증상이 사라진다.

장기적인 치료 목표로는 약을 먹게 만든 성격 구조의 개선과 환경을 바꿔 주어서 희망적인 환경을 만들어 주는 것이다. 약을 먹지 않고도 현실을 견디며 살아갈 수 있는 인격의 힘을 실어 주는 것이다.

인정 많은 이웃들이 지속적인 관심을 갖고 사랑을 주는 것이 치료에 큰 도움이 된다. 미국 듀크대학의 윌리암 윌슨 박사는 하나님의 도움을 간절히 바라는 기도 요법으로 마약 환자를 치료했다.

여자가 되고 싶어요
- 성(性) 전환증 -

이것은 하나의 정신 질환이다. 해부학적으로 멀쩡한 사람이 자신의 성기를 혐오하고 이성의 몸을 갖는 수술을 받는 것이다. 외과적 수술의 발달로, 물론 불완전한 것이지만, 성기를 바꾸어 가질 수 있게 되었다. 그리고 호르몬 주사를 맞아서 여성처럼 젖가슴이 부풀어 오르고 곡선 있는 몸매를 갖게 된다. 여성의 경우는 남성 호르몬의 투여로 수염이 거칠게 자라고 근육이 발달되며 목소리도 굵어지는 등 남성의 외형을 갖게 된다.

성 전환 수술을 통하여 이들은 자신들의 공상을 현실 속에서 실현하려는 것이다. 수술 후 이들은 심리적인 만족감을 얻게 되지만, 그러나 사회적인 고립과 적응의 장애는 호전되지 못한다. 그래서 또 다른 성형 수술, 예컨대 젖가슴 키우기 수술이나 얼굴 성형 수술 등 끊임 없는 수술을 통하여 완벽해지려 하는 것이 보통이다. 이들의 근본 문제는 자기 성에 대한 불만이고, 자신의 성 아이덴티티의 확신이 없는 것이다.

왜 이런 병이 일어나는 것일까? 한 연구에 의하면, 남성의 성 전환증은 어머니와 같은 여성이 되어 어머니와 떨어지지 않고 같이 살고자 하는 무의식적 욕구가 원인이라고 한다. 엄마와 다르다는 것은 아이에게는 엄마를 잃을 위험을 예상하게 하기 때문이라는 것이다. 이런 분리 불안은 3세 이전에 일어나는 것인데 이 불안의 정상적 해결이 되지 못했을 때 성전환증이 된다는 설명이다. 또 다른 연구에 의하면, 어머니의 몸의 일부로 남아 있고자 하는 환자의 무의식적 소망이 원인이었다는 연구 보고를 하였다. 이들의 부모는 사랑이 없고, 성생활이 만족스럽지 못한 결혼 생활을 하고 있었으며, 어머니는 우울에 자주 빠지는 분들이었고, 아버지는 수동적이고 고립된 생활을 하는 분들이었다고 한다.

남성 성전환증 환자의 경우, 어린 시절에 투쟁적이고 남성다운 행동에 대해서 심한 비난을 받은 경험을 갖고 있었다고 한다. 남성이 되는 것은 비난의 대상이 되기 때문에 여성이 되고자 하는 소망이 생긴 것이다. 여성의 옷을 입고(환자들의 약 4분의 3이 어릴 때부터 여성 복장을 좋아한다.) 여자 아이들과만 놀고 '가시내'라는 별명을 갖고 있다. 거친 남자 친구들을 싫어하고 자신의 성기와 근육형의 신체를 싫어하고, 그리고 여성처럼 젖가슴이 없는 자신을 원망한다. 그래서 성기 제거에 대한 강한 소망을 갖게 되어 마침내 수술을 빋게 된다. 그러나 성 아이덴티티와 관련된 문제는 그대로 남아 있기 때문에 근본 문제의 해결은 없이 외형만 바꾼 결과가 된다.

이런 환자들에게 성 전환 수술을 해주어야 하느냐 하는 문제는 의학계에서도 논란이 많다. 그들로서는 심각하고 일생이 걸린 소원이니 수술을 해주어 행복을 누리게 해주어야 한다는 주장과, 병적 욕구를 충족시켜주는 것은 의학이 할 일이 아니라는 반대의 입장이 있다. 정신 분석을 통하여 숨겨진 갈등과 원인을 찾아내고 풀어서 치료할 수도 있으나 용이한 일은 아니다.

최상의 치료는 인격이신 주님을 따르는 것!
- 세뇌 -

정신분열증의 증상 중에 '무감동'이라는 것이 있다. 마치 외계에 살고 있는 사람처럼 무표정하고 주변의 분위기와 어울리지 않는 감정을 말한다. 자신의 생각 속에 몰두해 있기 때문에 현실과의 단절이 초래되어 이런 정신현상이 나타난다. 타인이 보기에는 이상하고, 우습기도 하며 때로는 당황하게도 하고 혐오감을 줄 때도 있다.

수년 전 TV 뉴스시간에 훈련 중인 여사원의 행동에서 이 '무감동' 증상을 발견하고 충격을 받았던 기억이 난다. 모 자동차 보험회사 신입 여사원들의 교육 장면이었다. 알지 못할 구호를 합창으로 외치고, 한 사람씩 길에 서서 실습을 한다. "안녕하십니까. 나는 친절합니다."라고 아무에게나 인사를 한다. 행인들은 이 예쁘고 젊은 처녀가 대낮에 큰길에 서서 억양없이 외쳐대며 굽신거리는 것을 구경한다. 어떤 행인은 "예, 고맙소, 당신 친절하오."라고 대답을 하기도 하는데 진지함이 없고 멸시하는 어조가 역력하다. 그래도 이 처녀는 정상인에게서는 당연히 나타나야 될 표정의 변화가 없다. 태엽을 감았다가 놓으면 외쳐대는 자동 인형처럼 "나는 자신이 있다."를 외친다.

정말 자신 있는 사람은 이렇게 떠들어대지 않는 것이지만 이들은 마치 약물에 중독된 사람들로 보이기도 하고, 어떤 강한 힘에 의해서 조종당하고 있는 듯이 보였다. 누가 이 수줍은 나이의 희망에 찬 한국의 딸들로 하여금 대로변에 서서 수치를 당하고도, 자신이 이렇게 행동해야만 자신감을 얻을 수 있다는 그릇된 신념을 심어주고 있는 것일까? 비인간적인 행위에 분노를 느꼈었다. 이런 훈련은 세뇌(洗腦)의 기법이다.

 2차 세계대전 후 중공의 모택동은 세뇌라는 방법을 마음의 조종법으로 이용하였다. 어떤 개인이 본래 갖고 있던 신념과는 완전히 대립되는 신념을 강제로 주입시키는 훈련이다. 세뇌의 기술은 최면술이다. 제1단계는 희생자에게 완전한 심리적 고립감을 안겨주는 것이다. 면회, 신문, TV 등 일체의 사회적 접촉을 단절한다. 오랫동안 정보를 박탈당하고 외부 자극이 단절되면 인간은 정보와 자극에 대한 굶주림의 상태가 된다. 이때 훈련자가 어떤 정보나 자극을 주게 되면 희생자는 그것이 어떤 내용이든지 무분별하게 흡수해버린다.

 또한 세뇌시킬 때는 시간표를 엄격히 작성해 놓고 규칙적인 생활을 강요한다. 자기 고유의 생활의 리듬은 무시되고 훈련시키는 사람의 리듬이 강요된다. 이런 훈련이 몇 주간 계속되면 마음이 약해지고, 누구에게든 의존하고 싶어지며, 자신의 판단의 타당성에 관해서는 혼란이 생긴다. 처음에는 자신의 생각과 다른 것을 강요받을 때 반항한다. 그러나 훈련이 진행되면서 자신의 판단은 불확실한 것으로 생각되고 상대의 생각은 항상 옳은 것으로 믿게 된다.

 다음 단계로, 훈련자는 희생자가 어떻게 행동하며 생각해야 하는지를 명령한다. 명령에 잘 따르면, 자신감 있고 행복한 생활이 보장되지만 거역하면 무서운 일이 일어날 것이라는 암시를 준다. 희생자는 이것을 믿게 되어 저항을 버리고 복종하게 된다. 모택동은 이 기법으로 미국인 포로 비행사들을 세뇌시켰고, '하나님의 지하운동'이라는 책에서는, 루마니아 공산 정권이 성자 같은 범브란트 목사님을 감옥의 독방에 감금하고 세뇌를 시도하는 것을 볼 수 있다. 목사님은 이 무서운 정신적 시련을 기도를 통하여 영웅적으로 이겨내셨다. 요즈음은 신흥종교나 이단 종파들이 이 기법을 이용하고 있고, 사원들의 체질훈련이라는 이름으로 회사들이 세뇌기법을 이용하고 있어 충격적이다.

세뇌는 인간성의 말살이다. 시술자의 명령 하에 희생자를 복종시키기 위한 수단이다. 인격을 사랑하고 존중하시는 주님의 태도와는 상반되는 것이다. 능률과 실적을 위하여 비인간화를 강요해도 된다는 것인가? 인간의 인간됨은 자유의지의 자발적 행사에 있다. 인간은 노예처럼 누구에 의해서 피동적으로 살도록 창조된 존재가 아니다. 오히려 자유의지를 가지고 나의 맘에 의해서 선택하고 행동하도록 창조되었다.

또한 인간으로 하여금 어떤 상황에서 어떤 행동을 하게 하는 성격은 어느 날 갑자기 주어지는 것이 아니다. 더구나 일시적인 훈련이나 세뇌에 의해서 변화되어질 수 있는 것은 더욱 아니다. 새 마음은 암시나 비인간적 훈련으로 얻어지는 것이 아니다. 돌처럼 굳은 마음을 살처럼 부드러운 새 마음으로 지으시는 이는 하나님이시다(에 36:26).

"하나님이여 내 속에 정한 마음을 창조하옵소서"(시 51:10) 하는 다윗의 기도에서 우리는 하나님이 오늘도 사람의 마음을 창조하신다는 사실을 깨닫게 된다. 사람이 사람의 마음을 지배하고 조종하려는 어떤 시도도 우리는 경계해야만 된다. 이런 시도들이 사람을 병들게 하고, 불행하게 만들고 있다. 그러나 예수님은 개인의 인격을 소중하게 존중해 주신다. 그래서 인격적인 주님을 따르는 것이 치료약이다.

신흥종교의 덫
- 이단종파의 세뇌 -

 전문의사인 C씨는 직장인 종합병원에서 쫓겨났다. 병원 당국은 그의 실력과 환자에 대한 애성은 아깝지만 요즈음 그의 종교 행동이 상식을 벗어나기 때문이라고 했다. 그는 '다미선교회'의 열렬한 추종자다. 세상의 종말이 임박했다고 믿고 있기 때문에, 그에게는 의사로서 병을 치료하는 것보다 전도하는 것이 급했다. 그래서 그는 진찰실에서 진찰은 뒤로 밀쳐두고 환자에게 장시간 동안 종말에 대한 설교를 했다. 대기실에서 차례를 기다리고 있던 환자들이 아우성이었으나 그의 설교는 계속되었다.
 그의 가정은 심각한 위기에 처해 있다. 집값에 해당하는 거금을 선교회에 바치려 해서 부인은 불안하다. 그를 아는 사람들은 유능하고 젊은 그가 환자를 돌보아야 할 시간에 버스터미널이나 큰 길가에서, 어린 신

도들과 함께 '92년 10월 28일 종말을 외쳐대고 있는 것을 안타까워하고 있으나, 당사자인 그는 오히려 행복한 표정이었다. C씨를 보면서 한 이단종파가 한 사람의 유능한 의사의 인생을 파괴시켜 가는 것이 분하고 안타까왔다.

20여 년 전에 필자의 선생님으로부터 매우 감동적인 환자 치료의 이야기를 들었다. 환자는 여대생이었다. 세상의 모든 진리를 다 터득했다고 외치고 있었으며, 과대망상으로 기분은 들떠있고 말을 쉴 새 없이 쏟아놓고 있었다. 그녀는 정신병동에 자발적으로 입원하였다. 어느 날 바쁘게 병실을 돌아다니다가 복도에서 치료자를 만났다. 치료자는 들떠있는 그녀에게 "내가 보기에는 네가 이렇게 유쾌할 이유가 없다. 너는 네 마음의 고통을 숨기려 하고 있다."고 말해 주었다. 일순간 그녀의 표정이 정지된 듯 심각해지더니 자기 방으로 들어가 버렸다.

이런 조울증의 환자들은 잠시도 방에 가만이 앉아 있지 못하는 것이 특징인데, 그녀는 의외에도 장시간을 방에서 나오지 않았다. 다음 날 아침 그녀는 치료자에게 면담을 요청했다. 그 표정은 어제와는 전혀 다른, 진지한 어른의 표정이었다. 그녀는 어머니 얘기를 했다. 어머니가 '전도관'(편집자 주: 박태선씨가 교주로 '신앙촌'으로 더 잘려져 있음)에 미쳐 가지고 아버지와 늘 싸우고 재산을 팔아 천년성으로 들어가려 하니 집안이 조용할 틈이 없고 항상 불안 가운데서 살다가, 어느 날 세상의 진리를 다 알게 된 듯한 생각에 서로 잡히게 되었다고 했다.

이 면담이 있은 후부터 그녀는 회복되기 시작했다. 자기의 본 모습을 찾게 되었다. 치료자는 그녀의 아버지를 만나 그녀의 병에 대해서 얘기해주었다. 그리고 재발을 방지하기 위해서는 어머니를 '박태선교'로부터 분리시켜야 된다고 말해 주었다. 딸의 퇴원 후 아버지는 직장에 휴가

원을 내고 부인을 지켰다. 교인들이 찾아 왔으나 대문 밖에서 쫓아 버렸다. 부인의 외출도 금지했다.

부인은 발광하듯 분노하고, 초조해 하며 안절부절하였다. 그러나 한 달이 지난 후 부인은 꿈에서 깨듯이 자신의 어리석었음을 깨닫고 진정되었다. 수년 후 치료자가 우연히 그녀의 아버지를 만났다. 퇴원 후 딸은 무사히 학교를 졸업했고, 결혼하였으며, 딸을 낳아, 행복하게 살고 있다고 하였다.

신흥종교나 이단종파에 빠지는 사람들은 자신의 내면에 절망감, 허무감, 열등감 같은 고통을 갖고 있는 사람들이다. 무엇이든지 희망적이고 새로운 것을 찾고 있었던 사람들이며, 마술적이고 신비적인 힘에 의해서 자신의 심리적 공허감이 채워지기를 기대하는 사람들이다. 이런 강력한 심리적 요구 위에 신흥종교의 강한 암시, 즉 "나를 따르라, 그러면 행복을 주겠다. 그러나 따르지 않는 자는 무서운 형벌이 있을 것이다." 하는 암시에 걸리면, 세뇌당한 사람처럼 어이없게도 쉽게 여기에 빠져 버리게 된다.

이성적 사고력이 약해지기 때문에, 암시받은 교리 이외의 것들은 비진리로 보인다. 자기가 속한 이단 집단의 밖에 있는 사람들은 모두 세속과 아집에 빠진 속물들로 보여 경멸하거나, 동정하기까지 한다. 아버지, 어머니의 사랑도 보이지 않고, 오로지 보이는 대상은 교주와 종교집단의 지도자 뿐이다.

이들이 보이는 특징은 자폐적인 완강한 고집과 자연스러운 감정의 상실이다. 그러나 이 암시 효과는 대략 3개월을 넘지 못한다. 그래서 이 암시 효과를 지속시키기 위해서 그들은 잦은 집회와 밤을 새우는 고된 훈련, 가족과 분리된 집단생활을 시키는 것이다. 그러므로 이단종파나 신흥종교에 빠진 사람들에 대한 가장 효과적인 치료는, 교리 토론이 아니고, 이들 종교집단과의 분리다.

  그들과 만나는 것은 물론이거니와 전화도, 편지도 일체 못하게 해야 한다. 3개월 쯤 지나고 세뇌에서 깨어나면 진리에 대한 바른 평가를 할 수 있게 된다. 단, 심리적인 문제가 심각하게 개입되어 있는 경우에는 정신의학적인 상담을 받을 필요가 있다. 요즈음 정신병동에는 이단종파의 허탄한 최면에 걸려 있는 귀한 이웃들이 유난히도 많아졌다. 성경에 뿌리를 내리고, 주님을 바로 가르치는 교회의 성도들은 축복받은 사람들이다(행 1:6~8, 눅 17:23).

순(笛)출판사는
주님의 지상명령 성취와
한국 교회를 섬기기 위한
C.C.C.(한국대학생선교회)의
문서사역을 감당하고 있습니다.

이무석 박사의 정신건강 칼럼

1999년 3월 25일 초판 1쇄 발행
1999년 4월 1일 초판 2쇄 발행
지은이 : 이 무 석
펴낸이 : 진 효 심
펴낸곳 : 순출판사

주소: 서울시 종로구 부암동 46-1
      서울 중앙우체국 사서함 1042호
전화: 02)394-6934~6, 팩스: 02)394-6937

하이텔·천리안: cccnews
한국 C.C.C. 인터넷: http://www.kccc.org
등록: ® 제 2-27호 1983년 5월 17일

ISBN 89-389-0123-8 03230   값 6,000원

* 잘못 만들어진 책은 바꿔드립니다.